KB263839

철학자가 들려주는 철학 이야기 001~010권

아비투어 철학 논술 1

●

중급편

철학자가 들려주는 철학 이야기

아비투어 철학 논술 – 중급편 1

ⓒ 육혜원, 김광식, 박민수, 최지윤, 유성선, 박민수, 2011

초판 1쇄 인쇄일 | 2011년 6월 21일
초판 1쇄 발행일 | 2011년 6월 30일

지은이 | 육혜원, 김광식, 박민수, 최지윤, 유성선, 박민수
펴낸이 | 강병철
펴낸곳 | (주)자음과모음

주　　간 | 정은영
제　　작 | 장성준, 김우진
마 케 팅 | 박제연, 정지운
영　　업 | 조광진, 안재임, 강승덕

출판등록 | 2001년 5월 8일 제20 - 222호
주　　소 | 121 - 753 서울시 마포구 동교동 165 - 1 미래프라자빌딩 7층
전　　화 | 편집부 (02)324 - 2347, 총무부 (02)325 - 6047
팩　　스 | 편집부 (02)324 - 2348, 총무부 (02)2648 - 1311
e - mail | jmseries@jamobook.com
Home page | www.jamo21.net

ISBN 978 - 89 - 544 - 2682 - 4 (04100)
ISBN 978 - 89 - 544 - 2681 - 7 (set)

• 잘못된 책은 교환해 드립니다.

아비투어 철학 논술

중급편

1

㈜자음과모음

차례

철학자가 들려주는 철학이야기 001

플라톤이 들려주는 이데아 이야기

저자_육혜원

이화여자대학교를 졸업하고, 독일 베를린 자유대학에서 석사 및 박사 학위를 받았다. 플라톤의 정치 철학을 주제로 한 박사 논문을 썼고 현재 고대 정치사상에 관해 대학에서 강의 및 연구 활동을 하고 있다.

내 머리가
넘 크다?!
호잇
짜짠
멍
철학수사대

01강 플라톤과 철학하기

case 1 플라톤은 '철학하기'를 묻고 답하는 방식을 통해 삶의 지혜를 얻는 과정 이라고 말한다. 철학하기란 무엇인지에 대해 자신의 생각을 서술하시오.

철학(philosophy)은 지혜라는 뜻의 소피아(sophia)와 사랑한다는 뜻의 필로스 (philos)가 합쳐진 말로 '지혜를 사랑한다'는 뜻이다.

플라톤은 철학하는 것에서 삶의 지혜를 얻을 수 있다고 보았다. 철학은 무엇보 다 질문하고 답하는 방식을 통해서 이루어지는 것이다. 다시 말해서 철학은 '어떻 게 그 생각에 도달했으며 어떤 이유로 그 생각을 하게 되었는가'를 말(logos, 로고 스)로 설명하여 얻는 것이다. 우리는 대화법(문답법)으로 철학하는 것에서 삶의 지 혜를 얻는다.

서로 대화를 하다 보면 호기심이 풀리고 물음의 내용을 명확하게 구분하게 된 다. 예를 들어 우리가 '용기가 무엇인가?' 하고 호기심을 가지고 질문을 던졌을 때, 그 물음에 대해서 설명한다는 것은 '용기'인 것과 '용기'가 아닌 것을 구분할 수 있다는 뜻이다. 즉 물음의 내용에 대해서 분석하고 논증하게 된다. 따라서 '철 학하기'란 호기심의 내용을 다른 것과 확연히 구별하여 설명할 수 있다는 것이다.

그렇다면 철학은 일종의 '근거 대기'이다. 서양철학사에서 플라톤 이래로 수많은 철학자마다 주장이 다르지만, 그들은 모두 자신들의 주장에 대해 근거를 대고 있다. 결국 '철학하기' 란 지혜(진리)에 대한 호기심으로 묻고, 그 근거를 대면서 답을 찾아가는 것이다.

----

case 1 플라톤은 교육을 통해서 이상 국가가 만들어진다고 보았다. 이상 국가에서 철인 통치자를 키우기 위해 어떤 교육을 하였는지 제시문을 살펴보고 철인 통치자가 되기 위한 교육 과정을 순서대로 설명하시오.

가 플라톤은 이웃 나라 스파르타에 대해서 관심이 많았다. 스파르타 청소년들은 항상 군인처럼 생활했다. 남녀 모두 군부대에서 함께 먹고 함께 체육 훈련을 받았다. 이런 이유로, 우리가 흔히 듣는 '스파르타식'이라는 말이 생겨났다.

그러나 플라톤은 용맹스러운 자로만 키우는 스파르타 교육을 좋아하지 않았고 지혜, 용기, 절제가 함께 조화를 이루는 교육을 추구했다. 그래서 플라톤은 이상 국가를 다스릴 통치자가 받아야 할 교육에 대해 이렇게 주장했다.

첫째, 학생들은 체육 훈련을 받을 뿐만 아니라 문학에서 나오는 인물들을 본받아 영웅적 행위와 고결함을 배운다.

둘째, 학생들은 음악 교육을 통해서 온유하고 조화로운 코러스를 넣어 부르게 한다.

셋째, 학생들은 체계적인 수학을 배워서 분석하고 논증하는 힘을 기른다.

넷째, 통치자 수업의 마지막 단계인 철학을 배워 참된 지식을 얻을 때까지 대화하여 스스로 깨닫도록 한다.

❹ 엄마의 젖을 먹지 않아도 되는 어린아이는 탁아소에 보내집니다. 탁아소에 보내진 어린아이는 10세까지 음악과 체육만 배우고 이어 20세까지 청소년 교육을 받게 됩니다. 청소년 교육을 받는 아이들은 역사, 수학, 기하학, 문학을 배웁니다. 20세가 된 젊은이는 시험을 보며 시험에 합격한 사람들은 그때까지 배웠던 것을 다시 한 번 반복해서 30세까지 배웁니다. 이에 비해 합격하지 못한 사람들은 농사를 짓거나 기술자가 됩니다.

30세까지 교육을 받으면 다시 한 번 시험을 치르게 됩니다. 이 시험에서 합격하지 못한 사람들은 군인 계급이 됩니다. 그러나 시험에 합격해서 능력을 인정받은 사람은 35세까지 정치학과 철학을 배우며 나라를 다스리기 위한 본격적인 철인 통치자 교육을 받습니다.

철인 통치자로 뽑힌 사람은 50세까지 나라를 다스리는 데 필요한 경험을 쌓게 됩니다. 그리고 교육을 받는 동안에도 능력이 부족하다고 판단되면 군인 계급이나 농민 혹은 상업 등 아래 계급으로 보내집니다. 이러한 과정을 모두 거쳐야 강인한 체력과 덕을 지닌 지혜로운 철인 통치자가 탄생할 수 있습니다.

– 서정욱, 《만화 서양 철학사 Ⅱ》 중에서

생각 쓰기

1 스파르타

스파르타는 펠로폰네소스반도 남부에 위치하고 있다. 스파르타 시민의 90%가 노예와 반자유민으로 구성되어 있다. 스파르타인은 토지를 노예에게 경작시켜 경제를 담당하게 하고, 자신은 생산 활동을 하지 않았다.

스파르타 시민들 중 남자 시민은 집단생활을 하며 인내심과 체력이 강해지는 군사훈련을 받았다. 여자들도 건강한 자식을 낳아 기르고, 남자가 전쟁에 나갔을 때 노예를 통제하기 위해 훈련을 받는 경우가 있었다. '라케다이몬' 이라고도 불린다.

2 펠로폰네소스 전쟁

기원전 6세기경 페르시아의 침략에 대항해 펠로폰네소스 전쟁은 아테네 중심의 델로스 동맹과 스파르타 중심의 펠로폰네소스 동맹 산의 선생이나. 펠로폰네소스 동맹과 델로스 동맹이 전쟁을 하여, 펠로폰네소스 동맹이 승리하고, 그 맹주국인 스파르타가 주도권을 잡았다.

03강 시인 추방

 플라톤은 예술을 비판하면서 그의 이상 국가에서 시인을 추방하라고 하였다. 플라톤이 시인을 추방하라고 한 이유는 무엇인가? 다음의 제시문을 읽고 시인 추방에 대한 자신의 생각을 논하시오.

㉮ 여기에 세 가지 침대가 있네. 첫째는 천연적인 것으로 신이 만든 것이라네. 왜냐하면 다른 누구도 만든 자가 없기 때문이네.

그렇습니다. 다른 누구도 그걸 만들었다고 할 수 없습니다.

그리고 둘째는 목수가 만든 것이고 셋째는 화가가 만든 침대이네. 그렇지 않겠나?

그렇습니다.

그러니까 침대에는 세 종류가 있는데, 신과 목수와 화가가 그것을 만든 걸세.

(……)

그렇다면 자네는 화가가 침대와 어떤 관계가 있다고 생각하는가?

화가는 다른 사람이 만든 것을 모방하는 사람이라고 보는 것이 옳을 것입니다.

그렇네. 그는 실재(實在)로부터 3단계나 떨어진 것을 만드는 자이므로 모방자라고 하네.

그렇다면 이와 같은 점은 비극 작가에게도 해당될 걸세. 그러므로 그도 다른 모방자와 마찬가지로 진리에서 세 갑절이나 멀리 떨어져 있는 걸세. 그렇지 않은가?

그렇게 생각됩니다.

– 플라톤, 《국가》 중에서

㉯ 우리는 시인을 화가와 같은 계열에 속한다고 말하네. 시인은 두 가지 점에서 화가를 닮았기 때문이네.

첫째는, 그가 만드는 작품은 진리에 비하면 훨씬 열등하다는 것이고 정신 또한 정신의 열등한 면과 관련된다는 점에서 화가와 닮았네. 우리가 그를 이상 국가에 맞아들이지 않는 이유가 여기에 있네.

이건 극히 당연한 일이네. 그는 정열을 불러일으켜 '이성'을 해치고 있네. 마치 나라에서 백성들이 나쁜 자를 통치자로 세워 그에게 정치를 맡겨 보다 훌륭한 사람을 박대하는 것처럼 말이지.

이와 마찬가지로 모방적 시인도 사물을 구별하지 못하여 어떤 때는 크게 생각하고 어떤 때는 작게 해 인간의 정신 속에 옳지 못한 습관을 심어 넣네. 그는 그림자의 제작자이며, 진리에서 멀리 떨어져 있네.

– 플라톤, 《국가》 중에서

생각 쓰기

호메로스

고대 그리스의 서사 시인. 유럽 문학 최고의 서사시 《일리아드》와 《오디세이아》의 작가이다.

그의 활동에 대해서는 정확하게 알려져 있지 않지만, 작품에 구사된 언어나 작품 중의 여러 가지 사실로 미루어 보아 앞의 두 작품의 성립 연대는 BC 800~BC 750년경으로 추측된다.

04_강 프로메테우스와 헤르메스 신화

㉮ 신들은 프로메테우스와 에피메테우스 두 신에게 명령하여, 여러 동물에게 제각기 적당한 재질과 능력을 나누어 주도록 당부하였다. 그때 에피메테우스는 동물들에게 개성을 나누어 주었는데 동물들에게 자신의 능력을 다 써 버려 인간에게는 아무 혜택도 주지 못하게 되었다. 그래서 에피메테우스가 당황하고 있을 때 마침 프로메테우스는 능력 분배 상황을 살펴보고 있었다. 그는 모든 짐승들에게는 다 알맞게 그 자질이 공급되었지만, 인간만이 벌거벗은 채, 신을 것도 입을 것도 없고 무기도 배당받지 못하고 남아 있다는 사실을 알게 되었다.

이윽고 모든 동물들이 태양 앞에 나설 날이 다가왔으나 인간이 생명을 부지할 수 있는 방법을 찾을 수 없었다. 인간을 위해 궁리를 해 보나가 프로메테우스는 헤파이스토스와 아테나에게서 지혜와 불을 훔쳐 내어 인간에게 주었다. 그리하여 인간은 생명을 유지하는 데에 필요한 지혜를 얻었다.

– 플라톤, 《프로타고라스》 '프로메테우스 신화' 참고

❹ 이리하여 인간은 여러 동물 중에서 신성을 지닌 유일한 존재가 되었다. 인간은 신의 친족이 되었으므로 제단을 쌓고 성상을 만들어 섬기게 되었다.

인간은 단지 자기 생명을 유지하는 방법만 알고 의식 문제는 해결할 수 있었지만, 싸움의 기술을 비롯하여 나라나 사회를 다스려 나가는 정치적인 자질을 갖고 있지 못했다. 그 후 자기 보존 욕구로 인해 한곳에 모여 살며 도시를 만들었지만 서로를 미워하고 충돌하여 결국 다시 흩어져 살게 되었다.

제우스는 인류가 절멸하는 것을 두려워한 나머지 헤르메스를 하계에 내려 보내어, 정의와 분별의 지혜를 나누어 주었다. 그 지혜로 인간은 나라의 질서를 유지하고 사랑으로 뭉치게 되었다.

헤르메스는 그때 제우스에게 정의와 분별을 어떻게 나누어 주어야 할지를 물어보았다. 제우스는 정의와 분별을 기술처럼 몇몇 사람들에게만 나누어 준다면 나라가 화목하게 유지될 수 없을 것을 우려해 모든 사람에게 골고루 나누어 줄 것을 명령하였다.

제우스는 정의와 분별을 잘 준수하지 않는 자는 이를 나라의 죄인으로 규정하고 그들에게 벌을 주는 법률을 만들어야 한다고 했다. 기술의 문제에 관해서는 전문가들의 의견을 존중하지만, 국민으로서 지켜야 할 덕성에 관계되는 문제는 정의와 지혜를 필요로 하는 것이므로 어떤 사람이든지 자기 의견을 주장할 수 있도록 하였다.

– 플라톤, 《프로타고라스》 '헤르메스 신화' 참고

생각 쓰기

아비투어 철학 논술

예시 답안

case 1

철학한다는 것은 삶에 대한 근본적인 물음에서 시작한다.

'인간은 왜 죽음에 이르는가?', '인간은 어떻게 하면 행복해질 수 있을까?'

사람의 일생은 길어야 100년을 넘기 어렵다. 짧다면 짧고 길다면 긴 인생을 보람 있게 사는 길은 어떤 것일까? 즉, 단 한 번뿐인 우리의 삶을 가치 있게 사는 법은 무엇일까?

이 물음에 대한 답을 찾기란 결코 쉬운 일이 아니다. 어쩌면 우리가 일생 동안 고민을 거듭하면서 풀어 나가야만 하는 문제일 수도 있다. 철학은 바로 이런 의문들을 연구하고 밝혀내는 학문이다. 인간이 어떻게 살아야 인간에게 가장 가치 있게 사는 것인지를 생각해 보는 것이 '철학하기'이다. 플라톤 역시 이 범주에서 크게 벗어나지 않는다.

case 1

철인 통치자가 되기까지의 교육 과정을 살펴보면 다음과 같다.

어린이들은 탁아소에서 10세까지 음악과 체육 교육을 받는다. 청소년 교육은 20세까지로, 학생들은 역사, 수학, 기하학, 문학 등을 배운다. 지금까지 배운 것을 시험 쳐서 합격한 사람은 다시 반복 학습한 후, 35세까지 정치학과 철학 교육을 받으면서 본격적으로 철인 통치자 수업을 받는다. 통치자로 뽑힌 사람들은 50세까지 실제 상황에서 정치 경험을 습득한다. 이 과정을 다 마치면 철인 통치자가 탄생하게 된다.

주 제 탐 구 **03**강 시인 추방

case 1 플라톤이 시인을 추방하라고 한 이유는 그들이 무엇보다 진리와 거리가 먼 그림자를 만들기 때문이다. 게다가 그 그림자는 사람들에게 정열을 불러일으켜 이성을 마비시킨다. 이성이 마비되고 정열에 사로잡힌 사람들은 그림자를 마치 진리인 듯이 믿는다. 플라톤의 비판처럼 진실을 왜곡하거나 가리는 시들, 정념을 불러일으키는 선정적인 시들은 읽는 이들의 이성을 마비시킨다. 하지만 시가 모방만 하는 것은 아니다. 시가 어떤 이성적인 글보다 진리를 더 설득력 있게 잘 보여 줄 수 있다. 가난한 사람을 도와야 한다는 내용의 이성적인 책 한 권보다 가난한 사람의 고통과 슬픔을 느끼게 하는 시 한 편이 가난한 사람을 도와야 한다는 깨달음을 줄 수 있다.

case 1 두 신화를 읽고 나면 교과서에 나오는 이솝우화 '늑대 이야기'가 연상된다. 늑대 대장 자신은 직접 사냥하지 않고 먹이를 먹기 위해, 사냥을 하지 못한 자들에게도 골고루 먹을 것을 나누어 준다는 것을 내용으로 하는 법률을 만든다. 하지만 지나가던 나귀에게 어제 자기 혼자 몰래 먹으려고 굴속에 숨겨 둔 것을 들켜서, 나귀에게도 나누어 줄 수밖에 없게 되자, 새로 만든 법률을 없애 버렸다는 이야기이다. 이 이야기를 읽고 나면 헤르메스 신화에서 제우스가 왜 정의를 골고루 나누어 주라고 했는지 알 수 있다. 법이 누구에게는 적용되고 누구에게는 적용되지 않는다면 공정하지 못하다. 정의란 어느 누구에게도 치우침이 없는 공정성을 뜻한다. 법이 정의로우려면 그 내용이 중요한 것이 아니라 그 적용 대상이 공정해야 한다.

철학자가 들려주는 철학이야기 002

아리스토텔레스가 들려주는 행복 이야기

저자_육혜원

이화여자대학교를 졸업하고, 독일 베를린 자유대학에서 석사 및 박사 학위를 받았다. 플라톤의 정치 철학을 주제로 한 박사 논문을 썼고 현재 고대 정치사상에 관해 대학에서 강의 및 연구 활동을 하고 있다.

01강 행복과 덕

 인간이 인생의 궁극적인 목적인 행복을 얻기 위해서는 무엇을 지녀야 하며 그것을 얻으려면 어떻게 해야 하는지, 다음 글을 읽고 자신의 생각을 논술하시오.

아리스토텔레스는 현실 속에서 참다운 존재를 찾고자 하였다. 그에 따르면, 존재하는 모든 것은 어떤 목적을 가지고 있는데, 인간의 궁극적 목적은 행복이다. 그리고 인간이 행복해지기 위해서는 덕을 쌓아야 한다. 그런데 '덕'은 우리에게 본래 있는 것이 아니라, 계속적인 실천과 노력을 통해 형성되는 것이다. 그렇기 때문에 아리스토텔레스는 이러한 덕을 형성하는 데 있어서, 좋은 행동이 몸에 배도록 끊임없이 습관화하는 것과 어느 한쪽으로 치우치지 않는 중용의 생활 자세를 강조하였다.

– 고등학교 교과서 《윤리와 사상》, 교육인적자원부, 106쪽 참고

생각 쓰기

주요 개념 및 배경 지식

1 덕

아리스토텔레스는 덕이 지와 의지, 그리고 인내로 구성되어 있다고 말한다. 즉 참된 앎과 적극적인 삶의 자세, 그리고 참을성 있는 태도야말로 덕의 기본 요소인 것이다. 이러한 덕을 지키려면 중용의 자세가 무엇보다도 중요하다고 할 수 있다.

2 중용

중용이란 어느 한쪽으로 치우치지 않는 상태를 말한다.

case 1 제시문 **㉮**는 라파엘로가 그린 '아테네 학당'이란 그림 가운데 일부분이다. 제시문 **㉯**를 참고하여 어느 쪽이 플라톤이고 어느 쪽이 아리스토텔레스인지 말해 보고, 왜 그렇게 생각하는지 그 이유를 설명하시오.

㉮

라파엘로, 〈아테네 학당〉(1510)

㉯ "이데아는요 눈으로 볼 수 있는 것이 아니에요. 이성으로 볼 수 있는 것이죠. 선의 이데아가 빛을 비추면 그 밑에 있는 이데아들을 이성으로 볼 수 있어요. 진짜예요, 제가 태양의 방, 선분의 방, 동굴의 방에도 직접 가 봤다니까요!'

우리가 믿지 않는 것처럼 보였는지 팽이는 더욱 열을 내며 말했다.

"좋아요, 좋아. 그렇지 않아도 플라톤의 이데아와 아리스토텔레스의 형상을 비교하려던 참이었는데 잘 되었어요. 사실 이데아와 형상은 비슷해요. 그런데 큰 차이가 하나 있지요. 뤼팽 군, 이데아의 세계에 가 보았다고 했나요?"

"그럼요! 거기 태양의 방에서 선의 이데아에 대해 들었고요. 선분의 방에서는 이데아에 등급이 있다고 들었어요. 그리고 동굴의 방에서는 아휴 감옥이 이따만한 게 있고, 앞만 볼 수 있는 죄수들이 어쩌고저쩌고……."

저렇게 상세하게 말을 하다니 정말인가 보았다. 그러면 플라톤의 이데아란 것은 여기가 아닌 다른 데 있는 것인가?

"맞아요. 플라톤의 이데아는 현실이 아닌 다른 데 있어요. 눈으로 볼 수는 없지만 분명히 있다고 했죠. 그런데 아리스토텔레스가 말하는 형상은 이데아와 비슷하기는 하지만, 다른 데 있는 것이 아니라 바로 여기 이 현실 속에 있어요."

─ 《아리스토텔레스가 들려주는 행복 이야기》 중에서

생각 쓰기

1 이데아

이데아의 일반적인 의미는 육안으로 보이는 형태나 종류를 말한다. 하지만 철학자들마다 어떤 것을 진정한 이데아로 보는지에 대해서는 서로 의견이 다르다.

플라톤은 인간의 감각으로 볼 수 없는 초감각적인 세계에 이데아를 두었다. 그가 말하는 이데아는 영원불변한 존재로 '실재'를 뜻한다. 반면에 아리스토텔레스는 우리가 두 발을 딛고 서 있는 지상 세계에서 감각되는 자연물에서 이데아를 찾았다.

2 형상

형상은 이미지라고도 하며 감각적 또는 직관적으로 주어지는 구체적인 모습, 형태를 말한다.

3 감각

인간의 오감(눈, 코, 귀, 혀, 살갗)을 통하여 외부의 자극을 알아차리는 것을 감각이라고 하는데, 외부의 현상이나 사물을 보고 즉각적으로 받는 느낌이나 인상을 말한다.

4 모방

다른 것을 보고 그대로 따라하거나 본받는 것을 말한다.

5 실재

실재란 실제로 존재하는 것을 말하는데, 관념론적 의미에서 실재는 사물의 본질적인 존재를 말한다. 반면 유물론적 의미에서 실재란 인간의 의식과는 관계없이 객관적으로 존재하고 있는 물질 세계, 인간의 정신과 독립적인 관계를 맺고 있는 대상을 뜻한다.

 다음 그림은 '아리숑 또틀려쑤' 교수의 도장을 종이에 찍어 놓은 것이다. 이것을 예로 삼아 아리스토텔레스가 말하고 있는 형상과 질료의 관계를 설명하시오.

생각 쓰기

아리스토텔레스의 《자연학》

아리스토텔레스는 《자연학》에서 사물의 운동과 변화의 원인에 대해 설명하였다. 그에 따르면 이 세상에 존재하는 모든 사물은 네 가지 원인, 즉 형상, 질료, 힘 그리고 목적이라는 원인이 있기 때문에 존재한다.

예를 들어 붕어빵이 현실에 존재하기 위해서는 다음의 네 가지 원인이 있기 때문에 존재한다.

① 질료인: 사물의 재료를 말한다(밀가루 반죽).

② 형상인: 사물의 모양을 말한다(붕어 모양 틀).

③ 동력인: 사물이 형성되는 힘을 말한다(불).

④ 목적인: 사물 형성을 지향하여 이루어지는 목적이다(붕어빵).

㉮ 나르키소스의 관심을 끌려다 하릴없이 소박만 맞은 요정이 나르키소스로 하여금 사랑이 무엇인지 알게 하고 사랑의 보답을 받지 못하는 것이 얼마나 비참한 일인가를 깨닫게 해 달라고 신들에게 기도했다. 복수의 여신 네메시스가 이를 듣고 그 요정의 기도를 들어주었다.

그 산 속에 아주 물이 맑은 샘이 하나 있었다. 물이 어찌나 맑고 곱게 빛나던지 양치기도 그곳으로는 양 떼를 몰지 않았고 숲 속 짐승들도 그곳으로는 가지 않았다. 동물뿐만 아니라 낙엽이나 부러진 가지도 그 샘물만은 더럽히지 않았다. 어느 날 사냥에 지친 나르키소스가 더위와 갈증에 쫓겨 그 샘가로 왔다. 그는 물을 마시려다 수면에 비친 제 모습을 보았다. 나르키소스는 수면에 비친 그 모습에 그만 반하고 말았다. 나르키소스는 그곳을 떠날 수가 없었다. 그는 먹는 것도 자는 것도 잊고 샘가를 방황하면서 수면에 비친 제 모습만 바라보았다.

– 관련 기출 문제: [2001] 성균관대학교 논술 고사 참고

❹   인간이 느끼는 여러 감정, 공포나 욕망, 분노나 연민 그리고 쾌락과 고통은 너무 많이 혹은 너무 적게 느껴질 수 있는 것인데, 그 어느 경우에나 인간에게 좋은 일이 되지는 못한다. (……) 매사에 무엇인가가 지나치게 많거나 적은 것은 그 일에 대해 실패했다고 보아도 과언이 아니다. 이에 반해 어느 한쪽에 치우치지 않고 중립을 지키는 것은 일종의 성공이요, 칭찬받아 마땅한 행동이다. 그러므로 덕은 일종의 중용이다. 이런 까닭에 과도와 부족은 악덕의 특징이요, 중용은 덕의 특징이라 할 수 있다. (……) 중용은 이성적인 원리에 의하여 또 실제적인 지혜를 가지고 있는 사람이 무엇인가를 결정할 때 기준으로 삼지 않으면 안 되는 것이다.

– 아리스토텔레스, 《니코마코스 윤리학》 참고

1 아리스토텔레스의 《니코마코스 윤리학》

《니코마코스 윤리학》은 그리스 철학자 아리스토텔레스의 아들인 니코마코스(Nikomachos)가 정리한 책으로, 아버지가 아들에게 들려주는 도덕 이야기 형식의 도덕철학적 내용을 담고 있다. 이 책은 행복에 대한 열 권의 논설을 모은 것으로 '왜 사는가' 라는 물음에 합리적인 대답을 제시하기 위해 노력하고 있다. 즉 '왜 사는가' 그리고 '인간으로서 행복한 삶이란 어떻게 사는 것인가' 등과 같은 질문에 대한 답을 체계적으로 제시하고 있다.

2 나르키소스

나르키소스는 그리스 신화에 나오는 미소년이다. 에코의 사랑을 받아들이지 않았다고 하여 네메시스에게 벌을 받아, 호수에 비친 자기 모습을 사랑하여 그리워하다 빠져 죽어 수선화가 되었다고 한다.

3 에코

그리스 신화에 나오는 숲의 요정이다. 나르키소스를 사랑하였으나 거절당하자 슬픔으로 몸은 없어지고 메아리가 되었다고 한다.

4 나르시시즘

자기 자신을 사랑하는 일. 자기애 또는 자기 자신이 훌륭하다고 여기는 일을 말하며, 그리스 신화의 미소년 나르키소스에서 유래한 말이다.

아비투어 철학 논술

예시 답안

case 1 인간이면 누구나 행복을 바란다. 인생의 궁극적 목적은 바로 행복이라 할 수 있는데, 행복을 얻기 위해서는 각고의 노력이 필요하다. 아리스토텔레스는 우리가 행복해지기 위해 필요한 덕목으로 '덕'을 쌓아야 한다고 강조했다. 그런데 '덕'은 태어날 때부터 주어져 있는 것이 아니라 계속적인 실천과 노력을 통해 형성될 수 있다. 이러한 덕이 몸에 배려면 무엇보다도 중용의 자세가 필요하다고 그는 덧붙여 주장한다.

우리가 세상을 살면서 중용을 지키기 위해서는 무엇보다도 어느 한쪽에 치우친 사고를 멀리해야 한다. 편견이나 고정관념에 젖어서 사물이나 사람을 평가해서는 결코 중용의 삶을 살 수 없다. 옳고 그름, 선과 악을 구별 짓는 잣대가 확실해야만 행복과 불행을 현명하게 구분 지을 수 있을 것이다. 중용의 자세로 삶을 사는 사람은 자연적으로 덕을 실천하는 삶을 살 수 있으며, 결국 행복한 삶에 한 걸음 더 가까이 갈 수 있을 것이다.

case 1 그림에서 하늘을 향해 손가락을 올리고 있는 사람이 플라톤이고, 그의 왼편에 서서 손가락을 밑으로 내리고 있는 사람이 바로 아리스토텔레스이다.

이 둘은 대체 무엇 때문에 서로 다른 방향으로 손짓을 하고 있는 것일까? 플라톤은 아리스토텔레스의 스승이다. 스승인 플라톤은 제자에게 이데아에 대해 설명해 주면서 손가락을 위로 향하고 있다. 플라톤이 주장하는 이데아라는 개념은 초감각적인 세계의 입장에서 실현된다. 따라서 플라톤은 현실, 즉 지상의 세계보다는 초감각, 천상의 세계에 더 관심을 쏟고 있다.

반면에 아리스토텔레스는 지상의 세계에서 인간이 감각적으로 느끼는 형상을 더 중요하게 생각한다. 한마디로 플라톤보다는 현실주의적인 철학자라고 볼 수 있다.

플라톤의 이데아라는 개념과 아리스토텔레스의 형상이라는 개념은 참된 실체라는 의미에서 비슷하지만 이 둘 사이에는 큰 차이가 있다. 제시문 ㉯에도 나와 있듯이 플라톤의 이데아는 눈으로 볼 수 없고 이성으로만 알 수 있는 참된 실재이며, 현실이 아닌 다른 곳에 있다. 이에 반해 아리스토텔레스의 형상은 감각적이고 눈에 보이는 현실 속에 있다. 또한 감각적인 현실 세계는 이데아 세계를 모방함으로써 스스로를 실현시키고 있다는 플라톤의 견해와 형상들은 현실 세계를 통해서 스스로를 실현시킨다는 아리스토텔레스의 의견에는 큰 차이점이 있다.

case **2** 제시문에 나온 그림을 통해 그의 이론을 설명해 보자면 먼저 도장이 찍힌 모양을 형상으로 볼 수 있다. 그리고 이 형상을 나타나게 한 빨간 도장밥이 질료인 것이다. 또 다른 예로는 밀가루 반죽으로 붕어빵을 만들 때, 반죽으로 만든 각각 붕어 모양은 형상이고 밀가루 반죽은 질료이다.

플라톤이 우리의 감각, 즉 눈을 통해 보이는 것은 다만 이데아를 모방해 놓은 형상에 지나지 않는다고 보았다면, 이와 대조적인 관점을 취한 것이 바로 그의 제자 아리스토텔레스이다. 우리 눈에 보이는 것들을 형상이라고 지칭한다면 이때 형상은 항상 질료 속에 있다고 그는 주장했으며 또한 형상과 질료를 서로 별개의 것으로 구분 짓지 않고 형상 자체를 사물의 실체와 동일시하였다.

그는 형상 자체를 사물의 본질(플라톤의 경우에는 이데아에 해당되는 개념)로 보았기 때문에 형상이 매우 중요한 가치를 갖고 있다고 믿었다.

주 제 탐 구 **03**강 중용

case **1** 사춘기에 접어든 우리는 분출하는 자신의 욕구를 적절히 조절하는 법에 대해 어려움을 겪는다. 해야 할 일마저 미루고 오랜 시간 오락 게임을 한다든지, 좋아하는 연예인 때문에 일상 생활에 지장을 초래하거나 주변에 대한 배려는하지 않고 자신만을 사랑하고 챙기는 것 등이 이에 해당된다.

이런 경우 자신 안의 내적 갈등이나 주변 사람들과의 관계에서 벌어지는 외적 갈등

속에서 어떻게 자신을 조절하는 습관을 가질 수 있을지 고민하게 된다.

　제시문 ㉯에서 아리스토텔레스는 쾌락과 고통 어느 것도 우리에게 유익하지 않다고 지적한다. 무엇보다 중요한 것은 중용이며 과도하거나 부족하게 행동하는 것은 실패를 불러온다고 보았다. 한쪽에 치우치지 않고 중립적으로 행동하는 것, 즉 중용으로 생활할 때 자신의 욕망을 잘 조절할 수 있을 뿐 아니라 칭찬받을 수도 있고 성공적인 생활을 성취하게 되는 것이다.

철학자가 들려주는 철학이야기 003

최한기가 들려주는 기학 이야기

저자_김광식

서울대학교 철학과에서 학사 · 석사 과정을 마치고 독일 베를린 자유대학교 철학과에서 박사 과정을 마쳤다. 저서로는 《사회철학대계 4: 기술시대와 사회철학》(공저)이 있고, 역서로는 《흄나는 존재하지 않는다》, 《마르크스 정치경제학의 변증법적 방법 I, II》(공역), 《철학대사전》(공역) 등이 있으며, 논문으로는 〈본질과 현상의 범주를 통해 본 인식들 사이의 모순의 문제〉, 〈사이버네틱스와 철학〉등이 있다. 서양철학과 동양철학을 비교하는 데 많은 관심을 가지고 있다.

01강 최한기의 사상이 뭐지?

㉮ 최한기는 19세기 초인 조선시대 후기에 살았던 학자인데, 그때는 관리들이 부패해서 자기 배를 채우는 데만 급급했었어. 그러다 보니 백성들은 살기 어려웠지. 최한기는 그러한 세상을 보면서 실학을 연구했던 분이야. 실제로 생활에 도움이 되는 학문이라는 뜻의 실학은 다들 알고 있지? 백성은 굶어 죽는데도 이것저것 이름을 붙여서 세금을 강제로 거두고, 또 곡식을 빌려 주고는 몇 배로 갚게 했단다. 최한기는 그런 세상을 한탄하면서 백성들이 잘살 수 있는 길을 찾아보려 힘썼던 선비였어.

당시에 조선은 외국의 문물이 들어오는 것에 반대해 굳게 문을 닫고, 외국의 발달한 문명 기술 등을 받아들이지 않았단다. 조선의 뿌리가 흔들리게 될 것을 염려한 거지. 그러나 최한기는 우리 것만 지켜서는 살기 어렵다고 생각했단다. 그래서 선진 문물을 받아들이고 변하는 시대에 발을 맞추어야 한다고 주장했어. 나라의 문을 굳게 닫아 두는 동안 결과적으로 나라의 발전만 더디게 됐거든.

– 《최한기가 들려주는 기학 이야기》 중에서

나   양명학은 저와 이름이 똑같은 왕수인이라는 사람이 만든 학문입니다. 왕수인의 호가 '양명'이기 때문에 양명학이라 불리게 된 것이고요. '호'라는 것은 남이 불러 주는 이름을 말합니다. 양명학은 유학의 한 갈래입니다. 유학이란 공자라는 사람이 중국 고대의 문화를 총 정리하여 후세에 전해 준 학문으로 맹자, 순자 등이 공자의 유학을 이어받았습니다. 그리고 송나라 때 와서 새로운 유학을 완성한 사람이 주자라고 불리는 주희인데 왕수인은 주자학의 공부 방법이 잘못됐다고 보았기 때문에 주자학을 받아들이지 않고 새로 양명학을 만들게 된 것입니다. 주자는 온갖 사물에 태극이란 진리가 있다고 했지만, 왕수인은 사물을 일일이 공부해서는 진리를 찾을 수 없다고 보았습니다. 그는 성인이 되는 길을 알려 주는 학문은 간단하고 쉬워야 한다고 생각했으며 진리란 오직 사람의 마음에 있다고 보았습니다. 그래서 자신의 마음을 잘 깨달으면 진리를 발견할 수 있고 또 그것을 실천하면 성인이 될 수 있다고 하였습니다. 그러니까 양명학에서는 누구나 자신의 마음을 잘 깨닫고 노력하면 성인이 될 수 있다고 본 것이지요. 저 역시 열심히 공부하여 꼭 성인이 되고 싶습니다.

– 《왕수인이 들려주는 양지 이야기》 중에서

생각 쓰기

1 왕수인

왕수인은 명나라 때의 철학자이자 문학가, 교육가, 군사 전략가, 관리였다. 처음 이름은 왕운(王雲)이었으며 나중에 수인으로 고쳤다. 자는 백안, 호는 양명이었고 그에게 가르침을 받는 사람들은 그를 양명 선생이라 불렀다. 1499년 과거에 합격하여 벼슬길에 올랐으며 환관 유근을 탄핵하다 미움을 받아 용장이라는 곳으로 좌천되었다. 거기서 '마음이 곧 진리' 라는 것을 깨닫고, 뒤에 귀양에서 풀려나 관직 생활을 하던 중 도적의 소탕이나 반란을 진압하는 공을 세웠다. 그런 바쁜 생활 속에서도 학문에 몰두하고 제자들을 틈틈이 가르쳐 양명학을 완성시킨다.

그는 도적을 소탕하고 돌아오는 길에 세상을 떠나게 된다.

2 양명학

명나라 때 왕수인이 주자학에 불만을 느끼고 새롭게 유학을 발전시킨 것을 가리켜 양명학이라 부른다. 양명학은 명나라 중기 이후에 크게 번성하였고, 많은 학자들이 배출되었다. 우리나라에서는 퇴계 선생이 양명학을 비판한 이후 드러내 놓고 연구하는 풍토가 되지 못했다. 그러다가 하곡 정제두와 몇몇 학자들이 연구하여 이른바 강화학파를 이루었고, 구한말 독립운동가 박은식 선생을 중심으로 여러 사람들이 양명학에 관심을 갖고 유교를 새롭게 개혁해 보려고 시도하기도 했다.

양명학의 특징은 주자학에 비하여 공부 방법이 간단하다. 수많은 책들을 읽어 가며 사물에서 진리를 찾아야 하는 주자학과 달리 자신의 본래 마음에서 진리를 찾기 때문이다. 그래서 생활 속에서 얻은 자신의 깨달음을 쉽게 행동에 옮길 수 있다. 또 현실에 유연하게 대처할 수 있고 융통성을 발휘할 수 있다. 반면에 저마다 자신의 깨달음을 진리라고 할 경우 진리의 기준이 흔들릴 우려가 있다.

case 1 다음 제시문들을 읽고 기와 원자의 공통점과 차이점을 찾아 서술하시오.

가 "하늘과 땅과 인간과 만물이 생겨나는 것은 모두 기(氣)가 변해서 만들어 내는 것이다." 또 "천지를 꽉 채우고 물건과 몸을 감싸고 있으며, 모이기도 하고 흩어지기도 하고, 모이지도 않고 흩어지지도 않는 것은 모두 기이다. 내가 태어나기 전에는 오직 이 하늘과 땅의 기였고, 내가 태어날 때에는 곧장 형체로 이루어진 기가 되었다가, 내가 죽은 후에는 다시 하늘과 땅의 기로 되돌아간다."

이 말들은 계동이 아빠가 말한 대로 세계가 오직 기로만 이루어져 있다는 것입니다. 이렇듯 기는 없는 곳이 없고, 또 사물은 모두 기로 이루어져 있다고 합니다. 이것을 정리하면 눈에 보이는 물건이나 보이지 않는 공기나 그것이 이동하는 바람도 모두 기인 것입니다. 이 세상에 있는 것은 모두 기와 관계있습니다.

그러면 우리의 생각이나 감정, 과학적 법칙도 기일까요? 그렇습니다. 기는 저 강가에 있는 돌멩이처럼 가만히 있거나 강물에 떠밀려 가는 것이 아니라, 마치 살아 있는 생물처럼 활동을 합니다. 그래서 최한기는 기의 성질을 활발하게 움직이며 두루 돌고 변화하는 것으로 설명합니다. 그러니까 우리가 생각하거나 감정을

갖는 것은 기가 작용하는 현상입니다. 기가 없다면 우리의 생각이나 감정도 없겠
지요. 과학 법칙도 마찬가지입니다. 기 곧 물질이 있으니까 그것에 따라 법칙이 있
는 것입니다. 기의 운동하는 방식이 바뀌면 법칙도 바뀔 것입니다.

– 《최한기가 들려주는 기학 이야기》 중에서

❹ 기원전 400년경, 고대 그리스의 데모크리토스는 '물질은 더 이상 쪼갤 수 없
는 입자로 되어 있다' 고 생각하고 이를 '원자(atom)' 라고 하였습니다. 'atom' 은
그리스어로 더 이상 쪼갤 수 없다는 뜻이라고 합니다. 데모크리토스는 금(gold)과
같은 물질을 작은 조각으로 자르고 또 자르다 보면 금의 성질은 그대로 가지고 있
으면서 더 이상 자를 수 없는 조그만 금 알갱이가 될 것이라고 생각했던 거지요.
그리고 여러 물질들의 원자들이 모두 같은 물질이며, 단지 모양과 크기만 다르다
고 생각했습니다. 그러나 물질에 대한 이 생각은 과학적인 증거가 없었으며, 그 후
무려 2,200년 동안이나 철학적인 논쟁에서만 가끔 들먹였을 뿐이었지요.

– 《돌턴이 들려주는 원자 이야기》 중에서

생각 쓰기

1 원자

물질의 기본적인 최소 입자로, 그리스어로는 atom이라고 불리며 더 이상 쪼
갤 수 없다는 뜻이다. 그러나 실제로 원자는 원자핵과 전자라는 더 작은 입자
로 나눌 수 있으며 종류도 110가지나 된다.

2 전자

음전하를 가지고 원자핵의 주위를 도는 소립자의 하나를 말한다.

case 1 다음 제시문을 읽고 귀신과 투명인간의 공통점과 차이점을 기학을 바탕으로 설명하시오.

㉮ 이 세상의 모든 것이 공기와 같은 기일까요? 그렇지 않습니다. 이미 어떤 물체가 되면 기가 아니라 기가 변한 질(質)이라고 부릅니다. 우리가 물질이라고 말할 때 바로 그 질입니다. 그러나 그 질도 기가 엉겨서 된 것이므로 결국 기와 같은 것입니다. 가령 앞에서 나온 돌하르방은 기가 엉긴 질입니다. 그러나 돌하르방을 갈아서 가루로 만들고, 또 그 가루를 전자 현미경만으로 볼 수 있을 때까지 잘게 부순다면, 이때는 돌하르방이 흩어져 기가 되는 것입니다.

– 《최한기가 들려주는 기학 이야기》 중에서

– 관련 제출 문제: [2005] 동국대 수시 1학기 논술 고사 제시문 참고

㉯ 귀신이란 죽은 사람의 혼령 또는 눈에 보이지 않으면서 인간에게 화복(禍福)을 내려 준다고 하는 정령을 가리키는 말로 쓴다. 동양에서는 옛날부터 귀신을 주로 음양설(陰陽說)로 해석하는 경향이 많았다. 한국에서도 이익(李瀷)의 《성호사설(星湖僿說)》을 보면 귀신의 존재에 대하여 귀(鬼)는 음지령(陰之靈)이고, 신(神)은 양

지령(陽之靈)이라 하였다. 즉, 생물을 구성하는 본질은 음과 양의 두 기(氣)이며, 이 두 기의 영(靈)이 그 생물에서 떠나는 경우에 혼(魂)·백(魄)·정(精)·신(神) 또는 귀신이 되고, 이들 혼백 및 귀신의 존재 기간은 장단(長短)이 있어 영구히 존재하는 것이 아니라고 하였다. 또한 귀신의 성정(性情)에 대하여, 사람과 같이 지각이 있고 인간이 하는 모든 일에 등장하며, 귀신은 원래 기(氣)이므로 들어가지 못하는 곳이 없고 목석도 자유자재로 통과할 수 있다고 하였다. 귀신은 본래 사람을 현혹하는 일에 흥미가 있어 괴상한 일로 사람을 속이는 일이 많다고 하였다.

다 1897년 《투명인간》이란 제목의 소설이 영국의 소설가 웰스에 의해 발표되었다. 인체의 세포에 유리와 같은 빛의 굴절도를 주어서 타인의 눈에 보이지 않게 하는 약품을 발명한 사나이가 자기 육체가 보이지 않게 되는 것을 이용하여 재산과 권력을 잡으려고 온갖 악행을 자행하여 사람들을 괴롭히는데, 끝내는 궁지에 몰려서 죽게 된다. 인간의 투명을 원하는 소망을 리얼하게 묘사한 SF적 착상의 기발함도 놀랄 만하지만 소외된 인간의 고독을 그렸다는 점에서 문학적으로도 높이 평가된다.

생각 쓰기

 신은 영원히 산다. 어떤 신이 사는 게 지겨워 자살을 하려고 했으나, 신이라서 죽을 권리가 없었다. 그래서 제우스에게 자살을 허락해 줄 것을 간청했다. 제우스는 '지금부터 살고 있는 모든 사람은 죽는다'는 것을 증명해야 죽을 수 있도록 허락하겠다고 했다. 과연 성공할 수 있을지 자신의 생각과 이유를 적어 보시오.

Note& guide　주요 개념 및 배경 지식

투명인간

　몸이 보이지 않는 사람이라는 뜻으로, 영국의 한 소설가에 의해《투명인간》이라는 이야기가 알려지게 되었으며 그 후로 다양한 문학적 주제나 영화의 소재로 사용되었다.

04 강 검은 백조를 찾아라!

㈎ 최한기는 아는 것이 경험에서 출발한다고 봅니다. 경험이란 우리의 감각기관인 눈, 코, 입, 귀, 피부 등을 통하여 사물의 모습이나 소리 등을 마음에 기억하는 것입니다. 이런 감각기관을 통해 경험해서 아는 것을 그는 '형질통(形質通)'이라 불렀습니다. 그러나 이런 감각을 통한 지식이 많다고 해서 깊이 있게 안다고 생각하지는 않았습니다. 사물의 원리나 법칙을 아는 단계에 올라가야 한다는 것입니다. 사물의 원리나 법칙은 감각기관을 통해 직접 아는 것이 아닙니다. 그것은 경험한 것에 대하여 깊이 있게 생각해서 발견하거나 이론을 가지고 설명하는 것입니다. 이렇게 생각을 통하여 아는 것을 그는 '추측통(推測通)'이라 했고, 알아 가는 과정을 '추측' 곧 '미루어 헤아린다'로 표현하였습니다. 그런데 확실하게 알려면, 자신이 법칙이나 원리라고 생각하는 것을 검증해 보아야 합니다. 그는 검증을 '증험(證驗)' 곧 '증명을 통한 체험'이라고 불렀습니다.

이렇게 알아 가는 과정은 우리가 과학 시간에 공부하는 '탐구 학습'의 형태와 유사합니다. 즉 관찰-가설 설정—검증(실험)을 통하여 과학적 원리나 법칙을 파악하는 것 말입니다. 이와 같이 알게 된 지식이 확실한 것이며, 이 또한 최한기는 발전해 가는 역사의 흐름에 따라 점차 더 많이 더 정확하게 알게 될 것이라 전망했습니다.

🔵 백조 a는 희다.

백조 b는 희다.

백조 c는 희다.

백조 d는 희다.

백조 e는 희다.

백조 f는 희다.

백조 g는 희다.

🔵 모든 백조는 희다.

왜냐하면 백조 a는 희다.

백조 b도 희고,

백조 c도 희고,

백조 d도 희고,

백조 e도 희고,

백조 f도 희고,

백조 g도 희기 때문이다.

생각 쓰기

1 형질통

눈, 코, 입, 귀, 피부 등의 감각기관을 통해 경험해서 아는 것을 최한기는 '형질통(形質通)' 이라 하였다.

2 추측통

형질통으로 얻은 지식은 깊이 있는 지식이 아니다. 최한기는 사물의 원리나 법칙을 아는 단계에 올라가려면 경험한 것에 대하여 깊이 있게 생각해서 발견하거나 이론을 가지고 설명해야 한다고 하였다. 이렇게 생각을 통하여 아는 것을 최한기는 '추측통(推測通)' 이라 하였다.

3 추측

생각을 통하여 아는 것을 '추측통' 이라 하면, 이러한 알아 가는 과정을 '추측' 이라 할 수 있다. 곧 '미루어 헤아린다' 는 뜻이다.

4 증험

우리가 무엇인가를 확실하게 알려면, 자신이 법칙이나 원리라고 생각하는

것을 검증해 보아야 한다. 최한기는 검증을 '증험(證驗)' 곧 '증명을 통한 체험'
이라고 불렀다.

아비투어 철학 논술

예시 답안

case **1**　공통점은 두 사람 모두 모든 것의 근원이나 원리를 한가지로 설명한다는 점이다. 최한기는 모든 것은 '기(물질)'로 이루어졌다고 보았으며, 왕수인은 모든 것의 원리는 '심(마음)'에 있다고 보았다. 따라서 최한기의 사상을 '기학'이라고 하고 왕수인의 사상은 '심학'이라고 한다. 오늘날의 개념으로 재해석하자면 최한기의 기학은 모든 것을 물질로 환원할 수 있다는 유물론에 가깝고, 왕수인의 심학은 모든 것은 마음으로 환원할 수 있다는 유심론에 가깝다. 바로 이것이 두 사상의 대조적인 차이점이다.

case **1**　공통점을 찾아보면 첫째, 모든 것을 이루는 가장 작은 단위이다. 둘째, 모여서 형체가 있는 물질을 이룬다. 셋째, 모이면 성질이 드러난다. 기는 모이면 성질이 나타나는 '질'이 되며, 원자는 모이면 성질이 나타나는 '분자'가 된다.

　차이점을 찾아보면 첫째, 기는 더 이상 나눌 수 없지만, 원자는 원자핵과 전자라는 더 작은 입자로 나눌 수 있다. 둘째, 기는 한 가지이지만 원자는 110가지나 된다.

　최한기의 ‘기’ 개념은 서양의 ‘원자’ 개념을 동양적으로 해석한 것이므로 기본적으로 비슷하다. 하지만 그 당시의 서양 과학의 수준을 반영했기 때문에 현대과학이 원자에 대해 밝혀낸 것들과는 차이가 난다.

case 1　공통점은 눈에 보이지 않는다는 점이다. 차이점은 투명 인간은 만질 수 있는 반면, 귀신은 만질 수도 없다는 점이다. 어떻게 그런 차이가 생길까?

　‘모든 것은 기로 이루어져 있다’는 기학으로 설명을 해 보자. 귀신이 존재한다면 귀신은 순전한 정신적인 존재일 수 없다. 정신은 물질을 벗어나 따로 존재할 수 없기 때문이다. 그런데 귀신은 기가 흩어져 있는 상태로 볼 수 있다. 흩어져 있다는 것은 기들 사이의 밀도가 낮다는 것을 뜻한다. 아주 미세한 기가 흩어져 있으면 눈에 보이지 않기 때문에 귀신은 눈에 보이지 않는다. 흩어져 있는 기는 손으로 잡을 수 없다. 흩어져 있는 공기를 손으로 잡을 수 없는 것과 같다.

　투명 인간은 모여 있는 기를 특별한 원리를 응용하여 인간 시각의 사각지대로 늘어가게 한 것으로 볼 수 있다. 착각 현상이나 빛의 반사 현상을 이용할 수 있을 것이다. 투명 인간은 눈에 보이지 않을 뿐이므로 있는 위치만 모를 뿐이고 위치만 알면 손으로 잡을 수 있다.

case 2
성공할 수 없다. 지금까지 태어난 사람이 죽는 것을 다 확인했다고 하더라도 그 마지막 사람을 확인하는 순간 벌써 새로운 사람들이 태어나 살고 있을 것이기 때문이다. 깨진 독에 물 붓기와 같다. 신이 확인하는 속도가 아무리 빠르다고 해도 긴 인간의 수명으로 인해 인간이 죽을 때까지 기다려야 하기 때문이다.

주 제 탐 구 04강 검은 백조를 찾아라!

case 1

㉯는 감각 경험을 통해 알게 된 것(형질통)들을 깊이 미루어 헤아리는 추측의 방법을 통해 추측통을 얻는 과정을 보여 준다. ㉰는 그러한 추측통을 경험을 통해 확인함으로써 증명을 통해 체험하는 증험의 과정을 보여 준다.

㉯와 ㉰는 똑같이 논리적인 비약이라는 오류를 범하고 있다. ㉯는 세상의 '모든' 백조들을 경험하지 않고 '모든' 백조는 희다는 결론을 이끌어 낸다. ㉰도 세상의 '모든' 백조들을 경험을 통해 확인하지 않고 '모든' 백조는 희다는 추측통이 증명되었다고 생각한다.

철학자가 들려주는 철학이야기 004

한나 아렌트가 들려주는 전체주의 이야기

저자_**김광식**

서울대학교 철학과에서 학사 · 석사 과정을 마치고 독일 베를린 자유대학교 철학과에서 박사 과정을 마쳤다. 저서로는 《사회철학대계 4: 기술시대와 사회철학》(공저)이 있고, 역서로는 《흄—나는 존재하지 않는다》, 《마르크스 정치경제학의 변증법적 방법 I, II》(공역), 《철학대사전》(공역) 등이 있으며, 논문으로는 〈본질과 현상의 범주를 통해 본 인식들 사이의 모순의 문제〉, 〈사이버네틱스와 철학〉 등이 있다. 서양철학과 동양철학을 비교하는 데 많은 관심을 가지고 있다.

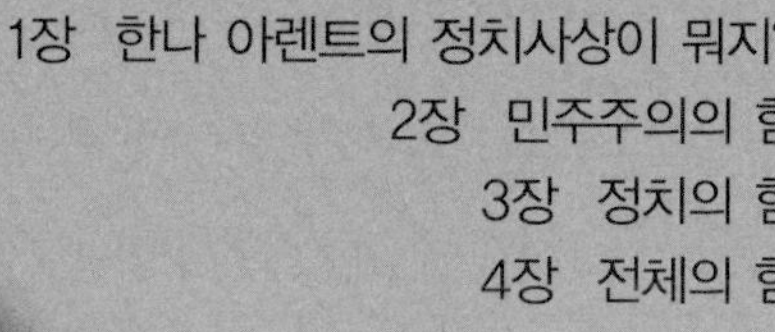

01강 한나 아렌트의 정치사상이 뭐지?

case 1 다음 제시문을 읽고 한나 아렌트의 정치사상을 간추리고, 그녀의 사상이 중요한 사상으로 간주되는 이유를 설명하시오.

한나 아렌트는 1906년 독일에서 태어나 1975년 미국에서 심장마비로 사망하였습니다. 여성이면서 유대인이었던 아렌트는 1차 세계대전과 2차 세계대전을 경험하면서 국가가 없는 민족의 일원이 겪는 고통이 무엇인지를 절실히 느끼면서 정치의 중요성을 체험합니다. 그리고 이러한 체험을 바탕으로 정치철학자의 길을 걸어가게 됩니다.

그러나 한나 아렌트는 원래 정치철학자가 되려는 생각은 없었습니다. 처음에는 실존주의와 종교의 문제에 깊은 관심을 가졌었지요. 그러나 나치스의 등장으로 본의 아니게 독일을 떠나야 했고, 미국으로 건너가서 전체주의가 왜 발생했는지에 관해 관심 있게 연구합니다. 그 결과 1951년에는 《전체수의의 기원》이라는 책을 출간하고, 세계적인 명성을 얻게 됩니다. 《한나 아렌트가 들려주는 전체주의 이야기》 제1편과 제3편에 나오는 유대인과 전체주의에 대한 이야기는 바로 《전체주의의 기원》에 근거한 것입니다.

나중에 아렌트는 마르크스주의를 비판하는 책을 쓰지만 출판하지는 않습니다.

당시 미국에는 매카시즘이라는, 공산주의나 마르크스주의를 무조건 배척하는 분위기가 지배적이었는데, 자칫하면 자기의 연구가 동료 학자들에게 해를 끼칠까 두려웠던 것이지요. 그러고는 1958년에 그 유명한 《인간의 조건》을 씁니다. 이 책에서 정치가 왜 중요한지, 인간에게 정치가 왜 필수불가결한 요소인지, 현대사회의 문제가 무엇인지를 잘 분석했습니다. 그래서 오늘날에도 널리 읽히는 명저가 되었지요. 《한나 아렌트가 들려주는 전체주의 이야기》 제2편에 나오는 '인간은 정치적 동물'에 관한 설명은 바로 이 《인간의 조건》에서 나오는 말입니다.

제3편에는 담임선생님이 학생들에게 현자 나탄의 이야기를 해 주는 부분이 있습니다. 이것은 독일의 극작가인 레싱이 만든 희곡의 내용입니다. 1959년 독일의 함부르크 시는 전범으로서 사죄하는 마음으로 레싱상(賞)이라는 것을 만들었는데 첫 수상자가 바로 한나 아렌트였습니다. 그녀는 수상 소감 연설에서, 레싱이 '인간됨의 중요성', '인간적이라는 것의 의미'를 강조했음을 역설하면서, 그가 만든 희곡 속의 나탄 이야기를 인용합니다. 그리고 이 연설문은 《어두운 시대의 사람들》이라는 책에 실립니다. 바로 그 내용을 《한나 아렌트가 들려주는 전체주의 이야기》 제3편에 인용한 것입니다.

1960년 한나 아렌트는 이스라엘에서 열린 아이히만 재판에 깊은 관심을 갖습니다. 그녀는 직접 그곳으로 건너가 글을 남기는데 이것이 그 유명한 《예루살렘의 아이히만》이라는 책입니다. 이 책은 많은 논쟁을 낳았지요. 또한 이 책에서 주장한 '악의 평범성'이라는 개념은 현대를 살아가는 사람들에게 너무나도 충격적인 교훈을 안겨 주었습니다. 평범하게 살아가는 가운데 자신도 인식하지 못하는 상태에서 큰 악을 저지를 수 있다는 경고를 담았기 때문입니다. 아렌트는 아이히만 의 재판에 큰 영향을 받아 《정신의 삶》, 《칸트 정치철학 강의》 등의 저작을 남기게 됩니다.

– 《한나 아렌트가 들려주는 전체주의 이야기》 중에서

생각 쓰기

《인간의 조건》

아리스토텔레스가 인간은 폴리스적 동물이라고 말한 것을 우리는 '인간은 정치적 동물이다' 라고 해석하기도 하고 '인간은 사회적 동물이다' 라고 해석하기도 한다. 아렌트는 《인간의 조건》이라는 책에서 이 두 번역 가운데 '인간은 정치적 동물이다' 라는 번역이 아리스토텔레스 원래의 생각을 적절하게 옮긴 것이라고 말한다. 그리고 인간이 인간답게 살 수 있기 위해서는 정치적 행위가 필수적이라고 한다.

물질적인 풍요로움을 만끽하고 있는 노예가 있다면, 그 노예는 행복한 생활을 하고 있는 것일까? 결코 그렇지 않을 것이다. 인간은 물질적인 풍요만으로 만족하고 살 수 있는 그런 존재가 아니기 때문이다. 행복한 삶을 위해서는 물질적 풍요뿐만 아니라 자유도 반드시 필요하다. 자유로운 표현은 자신이 가진 다른 모습을 드러내기 위해서 필요한 것이지만, 자유를 통해서만 개성은 형성되고 발전될 수 있다. 이것이 아렌트가 말하는 정치의 핵심이다.

– 《한나 아렌트가 들려주는 전체주의 이야기》 중에서

02 _강 민주주의의 힘

case 1 다음 제시문을 읽고 민주정치와 독재정치의 관계에 대해 서술하시오.

가 　공부도 쉽게 가르쳐 주시고 우리의 마음을 잘 이해해 주시는 박선해 선생님은 이름처럼 정말 착하신 분이다.

　그런 우리의 담임선생님이 갑자기 독재자로 변하셨다.

　우리 반은 다른 반과 달리 매달 1일 반장 선거를 한다. 더 많은 학생이 반장이 되어 통솔력을 키우고, 다양한 경험을 하며, 무엇보다 반장과 그 외의 학생 간에 차이를 두지 않고 평등한 학급을 만들자는 의미에서였다.

　그래서 우리는 매달 1일이 되면 몹시 설렌다.

　'이번엔 누가 반장이 될까? 혹시 내가?'

　생각만 해도 설레고 신나는 일이다. 공공연히 인기투표처럼 된 반장 선거에서 한 표라도 얻게 되면 그 우쭐한 기분이란!

　그런데 이번 달 반장 선거가 이루어지지 않았다. 반장을 뽑지 않은 것이 아니다. 갑자기 독재자로 변하신 담임선생님이 마음대로 반장을 뽑아 버리셨다.

　"이번 달은 스승의 날이 있는 달이기도 하니까 선생님이 반장을 지목하면 어떨

까요?"

모두들 선생님 말씀을 듣고 '이번엔 선생님이 가장 좋아하는 아이가 반장이 될 거야'라는 생각에 가슴이 쿵쾅거렸다. 친구들이 뽑아 주는 반장도 인기 있는 아이라는 의미에서 자랑스럽겠지만 예쁘고 착한 선생님의 지목을 받는다면 그것 또한 정말 자랑스러운 일일 테니까.

그런데! 선생님의 그 고운 입에서 호명된 아이는?

바로 김승진!

'김승진이 반장이라니. 이건 말도 안 돼!'

장담하건대, 김승진은 우리 반 아이들 모두가 싫어하는 아이이며 가장 인기 없는 아이다.

후줄근한 옷차림에 느릿느릿 어눌한 말투, 게다가 누가 불러도 서둘러 대답도 않고 어깨를 축 늘어뜨린 채 눈만 빠끔히 치켜뜨고는 '왜……?' 소리만 길게 늘여 빼는 아이. 체육 시간에 체육복도 제일 늦게 갈아입고 합창할 때마다 음을 맞추지 못해 지적을 받는 아이. 승진이가 가장 빨리 할 수 있는 건, 점심시간에 싹싹 먹어 치운 빈 급식 판을 먼저 갖다 놓는 일뿐이다. 한마디로 승진이는 우리 반 왕따다.

그런 승진이가 반장이라니! 왕따가 반장이라니!

–《한나 아렌트가 들려주는 전체주의 이야기》 중에서

❹ 민주정치는 민주주의에 의거한 정치로 국가의 주권이 국민에게 있고 국민의 의사에 따라 정치를 운영하는 것을 말한다.

국가의사를 결정하는 데 있어서 대표자를 매개로 하지 않고 국민이 다수결 원칙 아래 정치적 결정에 직접 참여하는 제도는 직접 민주정치이고 간접 민주정치는 국민의 의사가 국민의 대표를 통하여 간접적으로 정치에 반영되는 제도이다. 현대의 대부분 국가는 이 간접 민주정치 제도를 채택하고 있으며 이를 대의 민주정치라고도 한다.

다 독재정치는 민주적인 절차를 부정하고 특정한 개인이나 집단이 독단으로 국민을 다스리는 정치 형태이다.

독재정치는 독재자의 욕구에 국민의 의사가 종속되기를 강요하며 이러한 사회 체제에서 자율적이고 개성적인 인간은 배제된다. 그러나 우리 인간은 각자의 권리와 독자적인 가치관을 지닌 독립적인 존재이다. 설득이 아닌 강요와 위협으로 국민의 권리를 짓밟아서는 안 된다.

상대방이 옳다고 생각하지 않는 일을, 또는 상대방이 바라지 않는 일을 자신이 옳다고 하여 상대방에게 요구하거나, 자신의 판단으로 상대방을 위한 일이라며 이를 강요하는 것은 도덕적으로 옳지 않다. 내가 하는 일이 상대방에게도 좋은 일이라는 생각으로, 자신의 생각을 상대방에 요구하는 것도 무지와 무례에서 비롯된 독단이다. 자신의 생각으로 그것이 선행이라 할지라도 남에게 강요하는 것은 부도덕하다. 이것이 민주주의 사회의 인간 존중에 기초한 건전한 시민 윤리이다.

생각 쓰기

기찻길 공원은 빨간 철쭉으로 붉게 물들어 있었다.

우리는 철쭉 꽃길을 헤치고 기찻길을 건너 별난 아카시아나무 아래 멈춰 섰다. 숨이 턱까지 차올라 서로의 얼굴을 한 번씩 번갈아 보며 쌕쌕 가쁜 숨을 내쉬었다.

"어쨌든, 맘…… 맘에 안, 안 들어!

겨우 숨을 고르며 용수가 말했다.

"재수 없는 왕따 자식!"

슬범이가 입에 고인 침을 뱉었다.

"우리 선생님이 왜 갑자기 독재자가 되셨을까? 만날 평등이니 존중이니 그러면서……."

나는 숨을 몰아쉬었는데 한숨처럼 나왔다.

"선생님이 승진이가 어떤 앤지 잘 몰라서 그러셔. 반장이 아무나 되는 거냐? 통솔력도 있고 인기도 있고 공부도 좀 잘하고…… 아니, 이선 꼭 필요한 긴 아니지만. 헤헤! 적어도 나 정도 생긴 인물이라면 또 몰라……."

성훈이가 말을 계속 이으려고 하자 태섭이가 말을 딱 잘라 버렸다.

"넌 이 상황에 농담이 나오냐? 지금 왕따가 반장이 된 이 마당에?"

아이들은 승진이가 맘에 안 드는 이유를 들며 가끔 욕을 섞어 흉을 보느라 왁자

지껄했다.

"이건 말이야, 아주 심각한 상황이야. 뭔가 대책이 필요해."

슬범이가 심각한 표정을 지으며 마른 입맛을 쩍쩍 다셨다.

"야, 김호곤! 넌 왜 그렇게 말이 없냐? 뭐라고 말해 봐."

태섭이가 다그치듯 물었다.

나는 대꾸도 않고 집을 향해 뛰었다.

- 《한나 아렌트가 들려주는 전체주의 이야기》 중에서

따돌림

두 사람 이상이 집단을 이루어 특정인을 소외시켜 반복적으로 인격으로 무시하거나 음해하는 언어적·신체적 일체의 행위를 말한다. 여기에는 개인이 개인을 가해하는 행위와 집단이 개인을 가해하는 행위를 모두 포함한다.

집단 따돌림은 가해자와 피해자가 비슷한 또래들로 구성되어 있다는 점과 가해자보다 피해자에게 그 원인을 두며, 마지막으로 가해자와 피해자의 위치가 순환되면서 따돌림의 대상이 무차별화된다.

03강 정치의 힘

"사람들은 유대인들이 왜 그렇게 학살당했는지, 반유대주의가 왜 나타났는지에 대해서 틀에 박힌 생각을 갖고 있어. 그중 하나가 좀 전에 얘기한 유대인들의 재산을 모으는 방법 등이란다. 또 종교 때문이라는 생각도 있단다. 유대인이 그리스도를 결국 못 박았잖아. 그 때문에 십자군 전쟁 이후 기독교가 지배하는 유럽에서 유대인들이 비난을 받았다고들 하지. 그런데 이것은 다 반유대주의에 대한 고정관념이야. 유대인에 대한 편견 때문에 유대인들이 학살당하지는 않았어."

뭔지 모르지만 아버지가 하는 이야기는 새로웠다.

"아버지, 그럼 아버지는 유대인이 왜 학살당했다고 생각하세요?" (……)

"호곤아, 한나 아렌트라고 들어 본 적 있니?"

아버지께서 딴생각으로 흐르는 나를 다시 붙잡으셨다.

"한나 아렌트요? 아니요, 들어 본 적 없는데…… 아! 아버지 서재에서 언젠가 본 것 같아요. 맞죠?"

"그래, 맞아. 내가 한나 아렌트에 대해 논문도 썼잖니. 한나 아렌트는 유명한 정치철학자야. 정치철학자 중에서 드물게 여성이기도 하고, 독일에서 태어났지만 유대인이었지. 내가 지금까지 말한 반유대주의에 대한 고정관념도 한나 아렌트가 쓴 《전체주의의 기원들》이란 책에 나와 있는 거란다.”

“한나 아렌트는 유대인들이 학살당한 원인에 대해 이렇게 분석했어. 반유대주의는 유대인에 대한 편견 때문에 생긴 것이 아니라, 유대인들이 정치 활동을 하지 못해서 생긴 것이라고 말이야. 그러니까 그 말은 유대인들이 정치 활동을 하지 않아서 반유대주의가 생겼고, 그 때문에 끔찍한 학살을 당하게 되었다는 뜻이란다.”

“한나 아렌트에 따르면 유럽에서 반유대주의가 나타난 것이 기껏해야 이백 년도 채 안 된다는구나. 유대인들이 유럽 각지에 흩어져서 산 것은 이천 년도 넘었는데 말이야. 그래서 자세히 보니까 유럽인들이 유대인을 증오하고 경멸하기 시작한 때가 바로 유럽에서 제국주의가 시작되었을 때라고 해.”

“아버지, 왜 제국주의 때 유대인들이 그토록 미움을 받았나요?”

“음, 그건 아까 말했듯이, 제국주의 때 들어서 유대인들이 정치 활동을 제대로 하지 못했기 때문이야. 그전에는 유럽 많은 나라 왕들이 돈이 많은 유대인들을 궁정의 재정 관리인으로 삼았기 때문에 그들도 힘이 있었어.”

“국제적으로 경제활동이 일어나기 시작하자, 유대인들은 그전에 가졌던 내무부 장관의 지위를 잃어버렸어요. 그리고 다른 어떤 정치적인 활동도 하지 않은 거죠. 돈은 너무 많은데, 사회에서 어떤 활동도 하지 않는 사람을 생각해 봐요. 적어도 자신을 보호하기 위한 활동은 해야 할 텐데 말이죠.”

“그래서 한나 아렌트는 유대인들이 정치 활동을 했다면 반유대주의가 나타나지도, 학살을 당하지도 않았을 것이라고 말한 것이란다. 유대인들이 학살당하던 시기를 겪었던 아렌트이기 때문에 누구보다도 유대인들의 현실을 잘 알고 있었을 거야. 나치에 의해 학살을 당하던 때에 '유대인 위원회' 라는 단체가 있었다고 하는구나. 뒤늦게라도 그 단체가 나서서 유대인들의 힘을 모으고, 나치에 저항을 했다면 그런 참사는 피할 수 있었을 텐데, 그러지 못했다고 해. 저항도 못하고 몇백만이나 되는 유대인들이 순순히 끌려간 셈이지. 안타깝지 않니?"

나는 정말 안타까웠다. 정치가 뭔지는 잘 모르지만 힘을 모으고 자신을 보호하고 자신의 주장을 이루는 것이 정치라면, 살아가는 데 반드시 필요한 활동이라는 생각이 들었다.

– 《한나 아렌트가 들려주는 전체주의 이야기》 중에서

생각 쓰기

아리스토텔레스

BC 384년 스타게이로스에서 출생하였으며 17세 때 아테네 플라톤의 학원 (아카데미아)에 들어가, 스승이 죽을 때까지 그곳에서 지냈다. BC 335년에 리케이온에서 직접 학원을 열었다. 현재까지 전하는 저작의 대부분은 이 시대에 썼던 강의 노트이다.

스승 플라톤이 초감각적인 이데아의 세계를 존중한 것에 대해, 아리스토텔레스는 인간이 감각할 수 있는 자연물을 존중하고 이를 지배하는 원인들의 인식을 구하는 현실주의 입장을 취하였다.

㉮ "이슬람교도인 술탄이 통치하고 있는 중동 지역에 나탄이라는 부유한 상인이 있었어요."

승진이를 제자리로 돌아가라고 하시고 선생님은 또 한참 동안 교탁만 쳐다보고 계셨다. 그러다가 뜬금없이 이야기를 꺼내셨다. 아이들은 의아해하며 선생님의 이야기에 주목했다.

"이 상인은 아주 지혜로운 사람이어서 많은 사람의 존경을 받고 있었고, 술탄도 나탄을 존경하며 종종 정치를 위한 충고를 구하기도 했었지요. 그에게는 딸이 하나 있었는데, 자식이 없는 나탄이 고아가 된 어린 여자 아이를 데려다가 키워 딸로 삼았던 거예요. 마침 그곳에는 한 기독교인이 있었는데, 그는 십자군 전쟁을 위해 왔다가 포로로 잡혔던 사람이었어요. 그런데 술탄의 자비로 이 사람은 포로에서 풀려났지요.

어느 날 나탄이 장사를 위해 먼 길을 떠난 동안 그의 집에 불이 난 거예요. 나탄의 딸이 화재로 죽게 되자 포로에서 풀려난 기독교인이 불 속에 뛰어들어 그 딸을 구해 주게 됩니다.

　이런 용감한 일을 했지만 기독교인은 자신의 처지가 십자군 전쟁으로 왔다가 실패한 군인이라는 점 때문에, 그리고 자기가 목숨을 다해 구해 준 사람이 유대인의 딸이라는 점 때문에 그리 유쾌한 기분은 아니었어요. 그렇지만 그 유대인 딸을 구해 준 다음에 이상하게도 그 여자 생각이 자꾸 나는 거예요.”

　갑자기 이야기를 들려주시는 선생님을 의아해하던 아이들이 선생님의 이야기 속으로 푹 빠졌다. 질문을 좋아하는 조해리가 말했다.

　“어머? 그럼 그 기독교인은 유대인의 딸을 사랑하게 된 거예요?”

　지난번 아버지의 특별 수업 때 기독교인들은 유대인을 차별하고 좋아하지 않는다고 했는데 기독교인과 유대인의 딸이 사랑에 빠졌다고 생각하니 그 뒷이야기가 무척 궁금했다.

　“사랑했다기보다는 그냥 자꾸 생각이 나서 그것이 사랑이라고 생각하며 괴로워하고 있었어요. 한편 유대인은 장사에서 돌아와 자신의 딸을 구한 기독교인에게 감사를 했지요. 하지만 그는 감사를 받아들이지 않았어요. 술탄 역시 기독교인의 용감한 행동에 많은 칭찬을 했지만 그것에 대해서도 기독교인은 그리 달갑게 생각을 하지 않았고요. 그는 자신이 기독교인이라는 종교적 입상에 너무 편협하게 매달려 있었던 것 같아요. 당시는 십자군 전쟁 때이니까 기독교인들은 이슬람교도들이나 유대인들 모두를 무척 싫어했던 때라고 할 수 있거든요.”

　“종교 때문에 자신의 마음을 숨기고 사람들을 멀리하는 건 좀 어리석은 것 같아요.”

신영이가 안타까운 듯이 말했다.

"그래요. 그래서 이 말을 전해 들은 지혜로운 나탄은 이런 말을 합니다. '여보게, 우리는 반드시 친구가 될 수밖에 없지 않겠나? 자네는 나와 같은 유대인을 경멸하고 싶을 테지. 자네 마음껏 경멸해 보게. 그런데 이것을 생각해 보게. 우리 가운데 누군가 자기 자신의 민족을 선택했는가? 내가 민족인가? 도대체 민족이란 게 무엇인가? 유대인과 기독교인은 인간이기 이전부터 유대인이고 기독교인인가? 아랍인과 유럽인은 인간이기 이전부터 아랍인이고 유럽인인가? 자네가 인간이라는 이름을 기꺼이 감당할 수 있는 한 사람임을 내가 발견할 수 있다면 얼마나 좋겠는가?'

우리가 어떤 종교인이기 이전에, 또 어떤 민족이기 이전에 한 인간이라는 점을 알아야 한다는 말이지요. 우리가 아무리 달라도 인간이라는 점에서는 서로 연결될 수 있고 대화할 수 있지요. 이것이 바로 우리가 함께 살아갈 수 있는 근거가 되는 거예요."

아이들은 갑자기 조용해졌다. 종교는 다르지만 한 인간으로서 그 근원은 같은 사람들, 우리는 서로 다른 의견을 내놓았지만 우리 학급 친구들이라는 것은 명백한 사실이고 그 다른 의견들도 결국은 우리 학급을 위해서 분분했던 다른 의견도 결국은 우리 학급을 위한 것이었다.

"그런데요?"

해리가 조심스럽게 말을 꺼냈다.

"그래서 그 기독교인은 유대인 딸과 사랑을 이루게 되나요?"

"아니요, 알고 보니 나탄의 딸은 사실 유대인이 아니었어요. 고아로 데려다 키운 이 딸은 그 기독교인과 친남매였지요. 그래서 그렇게 친밀감을 느꼈던 거예요."

아이들의 감탄이 쏟아졌다.

나탄은 어린 고아가 기독교인이건 아니건 인간애로 데려다 키운 것이었다는 생각에 나도 모르게 아, 하고 감탄했다.

"학급 회의는 지난번 호곤이 아버님이 특별 수업을 하셨을 때 말씀하셨던 것처럼 정치라고 말할 수 있어요. 정치는 다양한 의견을 나누는 과정이라는 걸 배웠을 거예요. 그래서 다양한 의견들이 충돌하고 갈등을 일으킬 수밖에 없지요. 학급을 위한 일이라고 모든 의견을 획일화하고 다수의 의견이나 집단의 힘으로 강요해서는 안 돼요. 다양한 의견을 통해 더 좋은 방향으로 의견을 모을 수 있으니까 그래서 이런 학급 회의는 아주 의미가 있는 것이지요.

아까 누군가, '한 사람은 전체를 위하여!' 라고 했지요? 그러나 개인의 차이와 다양성은 하나도 고려하지 않고 또 사람들마다 가지고 있는 다양한 생각은 모두 무시하고 전체만을 생각하도록 강요하는 건 옳지 않아요. 그건 국가의 목적을 실현하기 위해 개인의 다양한 모습을 인정하지 않는 전체주의와도 같아요."

"전체주의요? 그런 것까지 생각하고 한 말은 아니었는데……."

태섭이는 입을 쭉 내밀며 난감해했다.

"물론 태섭이가 전체주의니 뭐니 하는 것들을 생각하고 한 말은 아니란 걸 잘 알아요. 그러나 지금 회의에서 보인 모습들이 전체주의가 갖고 있는 아주 나쁜 모습이었어요.

국가권력이 국민에게서 나온다는 사실을 망각하고 국가의 권력을 목적 달성에만 매달렸던 히틀러가 진정한 권력과 폭력의 구분이 희미해져 유대인의 대학살도 서슴지 않았던 것처럼 전체주의는 잘못된 판단과 결과를 만들 수도 있는 거죠. 한 사람이 전체를 위하여 행동하는 것은 전체가 한 사람을 위할 때 가능한 거랍니다.

그래서 우리가 명심해야 할 것은 다양한 의견을 가진 사람들 역시 다양한 환경과 개성을 갖고 있다는 것을 인정해야만 한다는 점이에요. 무엇이 옳다 그르다고 할 수는 없어요. 다만 이것 하나는 기억했으면 좋겠어요. 우리가 아무리 다르다 해도 같은 인간이고 같은 반 학생들이며 반드시 친구가 될 수밖에 없다는 사실을요!"

－《한나 아렌트가 들려주는 전체주의 이야기》 중에서

❹　이통 기국은 '기는 국한 되고 이는 통한다' 는 뜻입니다. 무슨 말인지 잘 모르겠죠?

'기는 국한된다' 에서 '국한된다' 는 말은 '제한된다' 는 말과 비슷한 뜻을 지닙니다. 앞서 우리는 '기' 가 각자가 지닌 기질에 따라 다르게 나타난다고 배웠습니다.

어떤 부모에게서 네 명의 자식이 태어났습니다. 같은 부모에게서 태어난 자식이라고 할지라도 이 네 명의 자식은 생김새도 모두 다르고, 성격도 다를 것입니다. '기국(기는 국한된다)' 이라는 말은 이처럼 각자가 지닌 개성을 나타내는 말입니다.

'이는 통한다' 는 말은 보편적인 진리인 '이' 가 시간과 공간의 제한을 받지 않고 어디서나 통한다는 말입니다. 한번 생각해 보세요. '부모가 자식을 사랑한다' 는 진리는 동양과 서양, 옛날과 지금을 통틀어 언제 어디서나 통하잖아요?

자, 이제 '이통 기국' 이라는 말을 정리해 봅시다. 앞에서 예를 든 것처럼 같은 부모에게서 태어난 자식이라고 할지라도 각자의 개성을 가지고 있습니다. 이게 '기국' 이죠. 하지만 가족을 사랑한다는 '이' 는 각자가 지닌 개성을 뛰어넘어 모두가 함께 나누어 가지고 있는 마음입니다. 결국 '이통 기국' 이라는 말은 각각의 개성과 차이를 가진 '기국' 이라 할지라도 '이통' 을 통해서 하나로 화합할 수 있다는 뜻을 담고 있는 것입니다.

가족 개개인은 한 사람 한 사람이 '기국' 으로서 다른 존재이지만, '이통' 을 통해서 사랑의 보금자리를 만들고 있습니다. 각각의 가정은 '기국' 으로서 작은 집단을 이루고 있지만, 이 사회를 평화롭게 이루고자 하는 '이통' 을 통해서 이 사회의 질서와 조화를 유지하는 것이죠. 결국 이렇게 조금씩 확대해 나가다 보면 이 세계 전체가 '이통' 을 통해서 평화와 화합을 이룰 수 있는 것입니다. 이것이 율곡의 '이통 기국' 사상입니다.

– 《이이가 들려주는 이통 기국 이야기》 중에서

생각 쓰기

이이

　조선 중기의 학자·정치가로 호는 율곡(栗谷)이다. 1548년 진사시에 합격하고, 19세에 금강산에 들어가 불교를 공부하다, 다음해 하산하여 성리학에 전념하였다. 1558년 23세 되던 해에 예안의 도산으로 이황을 방문하였다. 그해 별시에서 《천도책(天道策)》을 지어 장원하고, 이때부터 29세에 응시한 문과 전시(殿試)에 이르기까지 아홉 차례의 과거에 모두 장원하여 '구도장원공(九度壯元公)' 이라 일컬어졌다.

　과거 시험에 합격하여 중앙 정부의 높은 벼슬을 하면서 《성학집요》와 같은 책을 써서 임금에게 쌓은 덕을 백성에게 베풀어 백성을 이롭게 하는 왕도 정치를 권하였으며, 무거운 세금을 거두고 심한 노동을 시킴으로써 백성들의 삶을 힘들게 하는 낡은 정치를 바꾸라는 건의를 하였으나 받아들여지지 않았다. 지방관으로 지낼 때는 훌륭한 일을 서로 권하고, 잘못을 서로 고쳐 주며, 예의를 지켜 사귀고, 어려울 때 서로 도와 살기 좋은 고장을 만드는 '서원향약' 과 '해주향약' 을 만들어 시행했다.

　이이의 왕도 정치 사상과 개혁 정치 사상은 그의 철학 사상으로부터 나왔다. 그는 백성들에게 덕을 베풀어야 한다는 보편적인 원리(이)는 모든 구체적인 정책들(기)과 분리할 수 없으며, 그 보편적인 원리는 모든 구체적인 정책들에 담겨 있어야 하고, 그 보편적인 원리에서 벗어난 그릇된 정책들은 그 보편적 원리에 맞게 바꾸어야 한다고 주장했다.

이이의 사상은 막연한 이론보다 현실을 개혁하는 실천을 중요시한 실학사상으로 이어졌으며, 위기에 처한 백성을 위해 붓을 놓고 칼을 들고 싸웠던 의병운동으로 이어졌다. 이이의 사상은 《성학집요》나 《격몽요결》과 같은 책에 담겨 오늘날에도 우리에게 좋은 가르침을 주고 있다.

아비투어 철학 논술

예시 답안

case 1　한나 아렌트의 정치사상의 핵심 열쇠는 전체주의다. 개인의 자유와 생각(반성)을 억누르고 오직 전체의 입장에서만 생각하고 행동하는 전체주의는 평범한 사람도 아무런 양심의 가책을 느끼지 않고 범죄를 저지르게 할 수 있다는 점에 주목했다. 전체주의를 해결하는 핵심 열쇠는 정치다. 한나 아렌트가 말하는 정치는 개인이나 집단의 권리를 보호하고 주장하기 위한 모든 활동을 말한다. 이러한 정치는 전체주의를 예방하고 전체주의에 대항하는 최선의 무기다. 이러한 정치를 하는 사람이야말로 인간다운 삶을 사는 사람이라고 할 수 있다. 사람다운 삶은 자신의 권리를 보호하고 주장하는 삶이기 때문이다. 한나 아렌트는 이것이야말로 아리스토텔레스가 말한 '인간은 정치적 동물이다' 라는 말의 참된 의미를 보여 주는 것이라고 했다.

　한나 아렌트 정치사상이 주목받는 이유는 무엇보다, 전체주의적인 조직 속에 있는 개인의 범죄는 개인의 특별한 성격이나 인격이 아니라 조직 속에서 길들여진 반성 없는 삶의 태도로부터 온다는 사실을 밝혀냈기 때문이다.

case 1 민주정치는 국민이 주인이 되는 정치를 말한다. 국민이 주인이 되는 가장 간단한 방법은 국민이 직접 정책 결정에 참여하는 직접 민주주의다. 그러나 많은 국민들이 정치에 직접 참여하기는 여러 가지 어려움이 따른다. 따라서 보통은 차선책으로 대표를 뽑아 간접적으로 정책 결정에 참여하는 간접 민주주의의 형태를 띤다. 이 간접 민주주의는 대표를 뽑는 선거가 필요하다. 선거로 대표를 뽑는 방법이 민주적인 절차가 된 까닭이 여기에 있다. 하지만 선거로 대표를 뽑는다고 곧장 민주주의가 실현되는 것은 아니다. 민주주의는 근본적으로 절차의 문제가 아니기 때문이다. 민주주의는 국민이 주인으로서의 권리를 누릴 수 있을 때 실현된다.

독재정치는 개인이나 특정한 집단이 정책 결정을 독점하는 것을 말한다. 독재정치는 선거와 같은 민주적인 절차와 모순되지 않는다. 선거를 통해 독재정치가 정당화되는 경우는 많다.

반장을 선거로 뽑지 않고 지명한 것은 민주적인 절차를 밟지 않고 민주적이지 않은 절차를 따른 것이다. 형식적으로는 독재적 절차임에 틀림없다. 하지만 민주적 절차가 특성한 집단의 독재정치를 실현하는 수단으로 사용될 때는 수외되는 개인이나 집단의 권리를 보호하기 위해 그러한 방법을 쓸 수 있다. 그러나 선의의 의도였다고 하더라도 그런 경우가 빈번해지면 본래의 의도로부터 멀어질 수 있다.

case **2** 대통령의 조건은 반장의 조건과 마찬가지로 대통령이 하는 일과 관련이 있다. 대통령은 행정부의 수장으로서 어떠한 무슨 정책을 어떻게 세울지를 판단하고 집행하는 역할을 한다. 정책은 국민들에게 이로운 것이어야 한다. 그러므로 대통령은 국민들의 의견을 잘 들어야 한다. 정책을 결정할 때 국민의 의견을 잘 듣고 필요한 정책이 무엇인지 판단해야 한다. 정책이 결정되면 대통령은 결정된 정책을 성실히 수행해야 한다. 그러므로 대통령은 성실하고 일을 수행하는 능력이 뛰어나야 한다. 그러나 무엇보다 필요한 대통령의 조건은 소외받는 국민들에게 남다른 관심을 갖는 것이다.

---

case **1** 한나 아렌트의 말대로 유대인들이 정치 활동을 활발히 해서 권력을 잡거나 무시하지 못할 정도로 권력을 가지게 되면 아무도 유대인을 업신여기거나 괴롭히지 못할 것이다. 하지만 그런 상황에서도 겉으로는 감히 두려워서 미워할 수 없지만 속으로는 미워하거나 싫어할 수 있다. 사람들이 유대인을 싫어한 이유는 유대인들이 돈을 모으기만 했지 충분히 베풀지 않았기 때문이라고 생각한다. 만약 돈 많은 유대인들이 그 돈으로 가난한 이웃을 도왔다면 도움을 받는 이웃이 어떻게 도와주는 사람을 미워하거나 싫어하겠는가?

case 1 나탄의 이야기에 나오는 기독교 청년은 집단의 차이에 집착한다. 기독교 집단에 속하기 때문에 이슬람교 집단에 속하는 이들과 어울릴 수가 없다고 생각한다. 하지만 그는 다른 집단에 속하는 나탄의 딸을 구해 준다. 이러한 행위는 집단의 차이를 넘어서는 보편적 가치가 있다는 것을 보여 준다. 집단은 그 집단에 속한 개인을 위해 있다. 개인이 그가 속한 집단을 위해 있는 것이 아니다.

이이의 이통 기국 사상에 따르면, 기는 서로 달라도 그 기들 사이에 이는 통한다. 다시 말하면 그 기들 속에 같은 이가 관철된다는 것이다. 나탄 이야기의 경우에도 속한 집단들은 서로 다르지만(기국) 그 집단들에 속한 개인들은 근본적으로 인간에 대한 사랑이라는 보편적인 가치를 공유하고 있다 (이통).

철학자가 들려주는 철학이야기 005

맹자가 들려주는 대장부 이야기

저자_김광식

서울대학교 철학과에서 학사·석사 과정을 마치고 독일 베를린 자유대학교 철학과에서 박사 과정을 마쳤다. 저서로는 《사회철학대계 4: 기술시대와 사회철학》(공저)이 있고, 역서로는 《흄—나는 존재하지 않는다》, 《마르크스 정치경제학의 변증법적 방법 I, II》(공역), 《철학대사전》(공역) 등이 있으며, 논문으로는 〈본질과 현상의 범주를 통해 본 인식들 사이의 모순의 문제〉, 〈사이버네틱스와 철학〉 등이 있다. 서양철학과 동양철학을 비교하는데 많은 관심을 가지고 있다.

01강 맹자는 위인인가?

맹자는 기원전 372년에 중국에서 태어난 사상가이다. 맹자의 원래 이름은 '가(軻)' 이며, '맹자' 라는 이름은 높여서 부르는 이름이다. 맹자는 전국시대에 태어났다. 전국시대는 말 그대로 '싸우는 나라들의 시대' 였다. 여러 나라들이 서로 더 힘 있고 좋은 나라를 만들려고 경쟁을 했고 그를 위해 여러 사상가들이 수많은 생각들을 내놓았다. 여러 사상가들과 수많은 생각들을 '제자백가' 라고 한다. 맹자는 그 제자백가 가운데 한 사람이다. 맹자는 사랑으로 살기 좋은 세상을 만들 수 있다고 생각하는 유교 사상가이다. 맹자는 공자의 사랑의 사상을 더욱 발전시켜 네 가지 덕(4덕)과 네 가지 실마리(4단)의 사상으로 만들었다. 맹자에 따르면 사람은 모두 사랑, 옳음, 예의, 지혜, 즉 인의예지라는 네 가지 덕과 불쌍하게 여기는 마음, 부끄러워하는 마음, 사양하는 마음, 옳고 그름을 가리는 마음 즉 측은지심, 수오지심, 사양지심, 시비지심이라는 네 가지 실마리를 가지고 태어난다. 맹자는 인간의 본성은 본래 선한 것이라는 성선설을 바탕으로 임금은 백성들이 그러한 선한 본성을 잘 실현할 수 있도록 힘이 아니라 덕으로 다스려야 살기 좋은 세상을 만들 수

있다는 왕도 정치사상을 주장하였다. 하지만 싸움에 정신이 팔린 왕들은 힘이 아
니라 덕으로 다스리라는 맹자의 말에 코웃음을 치며 무시했다. 힘이 있는 나라만
이 싸움에서 살아남을 수 있다고 생각했기 때문이다. 맹자는 결국 왕들을 설득하
는 것을 포기하고 제자들을 교육하고 책을 쓰는 일에 전념하다 84세의 나이로 세
상을 떠났다. 맹자는 세상을 떠났지만 맹자의 말은 그의 제자들과 후학들에 의해
《맹자》라는 책으로 편찬해 오늘날까지 우리들에게 좋은 가르침을 주고 있다.

1 왜 전국시대에 전쟁이 많았지?

중국의 전국시대(BC 403~221)에는 철로 만든 농기구와 소를 이용하여 농사를 지었으며, 둑을 쌓고 물길을 만들어 농토를 넓히면서 농업 생산량이 크게 늘었다. 각 나라는 늘어난 농업 생산물로부터 많은 세금을 걷어 들여 나라의 부를 늘렸다. 또한 늘어난 부로 군대를 늘려 더 많은 영토를 얻으려고 싸움을 벌였다. 진나라, 초나라, 연나라, 제나라, 한나라, 위나라, 조나라로 이루어진 이른바 전국칠웅이 서로 힘을 겨뤘지만, 결국 부국강병에 성공한 진나라의 진시황에 의해 천하 통일이 되었다.

2 왜 제자백가가 등장했지?

제자백가는 고대 중국의 전국시대에 활동했던 수많은 학자들과 학파들을 일컫는 말이다. '제자' 란 수많은 학자를 뜻하고, '백가' 란 수많은 학파를 뜻한다. 전국시대에는 많은 나라들이 더 힘 있고 더 부유하고 더 살기 좋은 나라를 만들기 위해 경쟁을 하던 시대였다. 그래서 그런 나라를 만들 좋은 생각들이 필요했다. 더구나 신분 제도가 무너져 귀족이든 상공인이든 농민이든 가릴 것 없이 실력이나 좋은 생각을 가지고 있으면 출세를 할 수가 있었다. 그래서 유가, 도가, 묵가, 법가, 농가, 명가, 종횡가, 잡가, 음양가 등 수많은 학파들이 쏟아져 나왔다.

3 왜 공자를 사랑의 전도사라고 하지?

공자는 기원전 6세기에 중국에서 태어나 유교 사상을 만든 사상가이다. 유교는 사랑(인仁)을 세상을 살아가는 가장 중요한 덕목으로 여겼다. 공자를 사랑의 전도사라고 하는 이유는 그가 법이 아니라 오직 사랑으로 살기 좋은 세상을 만들려고 했기 때문이다. 그는 왕을 비롯하여 모든 사람들이 사랑을 실천하며 살면 살기 좋은 세상이 된다고 믿었다. 첫째, 사랑으로 먼저 자신을 다스려 어진 사람이 되고 둘째, 사랑으로 가족을 다스려 화목하게 하며 셋째, 사랑으로 나라를 다스려 평온하게 하고, 마지막으로 사랑으로 세상을 다스려 평화롭게 만들 수 있다는 생각이 공자 사상의 핵심이다.

02강 교육은 천하지대본?

case 1 맹자의 어머니는 자식의 공부를 위해 세 번씩이나 이사를 갔다. 아래의 글들은 현대판 '맹모삼천지교'라고 할 수 있다. 하지만 ㉮~㉰의 어머니들이 이사를 가는 이유들은 교육에 대한 생각에 있어서 공통점도 있지만 차이점도 찾을 수 있다. 그 공통점과 차이점을 밝히고 여러분은 어떤 부모가 되고 싶은지, 또는 여러분의 부모님이 어떤 부모가 되어 주었으면 좋을지에 대해 ㉱를 바탕으로 여러분의 생각과 그 이유를 적어 봅시다.

㉮ 이사를 한 곳은 코딱지만 한 집들이 다닥다닥 엄청 많이 붙어 있는 동네였다. 낮이고 밤이고 무척이나 조용했다. 이 동네는 연세가 많으신 할아버지, 할머니들이 많아서 자주 초상이 났다. 나는 동네의 초상집마다 찾아다니면서 구경도 하고 음식도 얻어먹었다. "아이고, 아이고, 아이고, 아이고." 어느 날 이러다가 엄마한테 딱 걸렸다. "너 이게 무슨 짓이냐? 하란 공부는 안 하고." 결국 다음 날, 엄마는 또 이삿짐을 싸셨다. 이곳은 철학내학교 옆이다. 공부하기엔 '딱' 이란다. 우리 엄마 말씀!

– 《맹자가 들려주는 대장부 이야기》 중에서

㉯ 이사를 한 곳은 성냥갑 같은 아파트들이 다닥다닥 엄청 많이 붙어 있는 동네

였다. 이사한 이유는 단 하나. 이 동네 아이들이 공부를 더 잘하니까. 어느 날, 이 동네에 살다가 ○○동네로 이사 간 엄마 친구가 놀러 오셨다. "아이고, 속상해 죽겠어. 전교 1등 하던 녀석이 거기서는 반 1등도 못하지 뭐야. 진작 이사를 갔어야 했는데." 결국 다음 달, 엄마는 또 이삿짐을 싸셨다. 명문고와 명문 학원이 많은 그곳이 공부하기엔 '딱' 이란다. 우리 엄마 말씀!

- 《맹자가 들려주는 대장부 이야기》 중에서

다 이사를 한 곳은 성냥갑 같은 아파트들이 다닥다닥 엄청 많이 붙어 있는 동네였다. 아이들은 하루 종일 학교와 학원에서 공부를 하고 밤늦게야 집으로 돌아왔다. 나는 방과 후 운동장에서 혼자서 축구를 했다. 놀고 싶어 학원도 빼먹고 같이 축구를 하는 아이들이 하나 둘씩 늘어났다. 하지만 꼬리가 길면 잡히는 법이다. 어느 날, 친구 엄마에게 전화가 왔다.

"학원 보내는 거 싫고 놀리고 싶으면 괜히 남의 아이들 물들이지 말고 이사를 가세요!" 결국 다음 달, 엄마는 또 이삿짐을 싸셨다. 그래서 이사를 온 곳이 바로 이 시골이다. 이곳은 놀기엔 '딱' 이란다. 우리 엄마 말씀!

- 《맹자가 들려주는 대장부 이야기》 중에서

라 건축물을 지을 때는 주변 환경과 어울리도록 건축물을 지어야 아름답다. 그러나 위대한 건축가는 주변 환경을 탓하지 않는다. 물론 아름다운 건축물을 짓기에 더 아름다운 환경이 있을 수 있다. 하지만 이미 아름다운 환경에 아름다운 건축물을 짓는 것보다 쉬운 일이 어디 있겠는가? 덜 아름다운 환경이라도 잘 어울리는 아름다운 건축물을 지어 환경을 더 아름답게 만드는 것이 더 보람 있지 않겠는가? 그래서 위대한 건축가는 주어진 주변 환경을 활용하여 주변 환경과 가장 잘 어울리도록 건축물을 짓는다. 바다면 바다에 어울리도록, 산이면 산에 어울리도록, 도시면 도시에 어울리도록 짓는다.

– 중학교 교과서 《미술》 참고

생각 쓰기

㉮ 아, 정말 싫다. 벌써 세 번째 이사다. (……) 엄마는 시장 통에서 김밥을 파셨다. (……) 엄마는 시장 통을 싫어하셨다. 너무 시끄럽고 지저분해서 내가 자라기엔 좋지 않은 환경이라는 이유에서였다. (……)

"김밥을 한 줄이라도 더 팔아서 어서 이곳을 떠야지." 엄마는 늘 이 말을 입에 달고 사셨다. (……) 나는 가끔은 시장 아줌마, 아저씨들의 장사를 도왔기 때문에 귀여움을 독차지했다. 그러던 어느 날, 내가 장사꾼 흉내를 내면서 놀고 있다는 소문을 들은 엄마가 김밥을 싸다 말고 김발을 들고 쫓아오셨다.

"오늘은 배추가 싸예! 무지 싸예! 어! 어……, 엄마!" "이놈이! 하라는 공부는 안 하고!" 엄마는 마침 배추를 팔고 있던 나를 향해 돌진하셨다. (……) 무지하게 맞았다. (……) 그리고 다음 날, 엄마는 당장 이삿짐을 싸셨다. 나는 시장 통을 떠나는 것이 슬펐지만 할 수 없었다. 엄마가 울까 봐 겁이 났다.

– 《맹자가 들려주는 대장부 이야기》 중에서

㉯ 아, 정말 떨린다. 내가 직접 만든 김밥을 팔아 보는 것은 오늘이 처음이다. 엄마는 시장 통에서 김밥을 파셨다. 엄마는 시장 통을 좋아하셨다. 시장에서 일하는

사람들이 인정이 많다고 하셨다. 게다가 여러 사람들을 만날 수 있고, 엄마가 만든 김밥을 배고픈 사람들이 사서 맛있게 먹는 것을 보면 기쁘다는 이유에서였다.

"김밥을 한 줄이라도 더 팔아서 고아원 아이들에게 맛있는 것을 사 줘야지." 엄마는 늘 이 말을 입에 달고 사셨다. (……) 나는 가끔은 시장 아줌마, 아저씨들의 장사를 도왔기 때문에 귀여움을 독차지했다. 그러던 어느 날, 내가 장사꾼 흉내를 내면서 놀고 있다는 소문을 들은 엄마가 배추 장사를 돕고 있는 나를 찾아오셨다. "오늘은 배추가 싸예! 무지 싸예! 어! 어…… 엄마!" "물건 파는 게 그렇게 재밌어? 물건에는 물건을 만든 사람의 사랑과 정성이 들어 있단다. 네가 파는 배추를 기르기 위해 농부들이 얼마나 많은 사랑과 정성을 쏟았겠니? 배추를 싸게만 판다고 좋은 게 아니란다. 농부들이 쏟은 사랑과 정성에 걸맞는 값을 받아야지. 배추가 싸다는 것보다 싱싱하고 맛있다고 말해 봐!" 하라는 공부는 안 하고 배추 장사를 한다고 야단을 치실 줄 알았는데 오히려 장사하는 법을 가르쳐 주셔서 놀랐다. 머뭇머뭇거리는 나를 보자, 엄마가 시범을 보이셨다. "배추가 무지 싱싱하고 맛있어예!" 엄마와 함께 배추를 파니 무지하게 신났다. 금세 배추가 동이 났다. 그리고 다음 날, 엄마는 내게 김밥을 싸는 법을 가르쳐 주셨다.

"직접 만든 물건에 더 정이 가는 법이야. 자신의 사랑과 정성이 들어 있는 물건을 함부로 싸게 팔 수 없겠지? 이 김밥을 내다 팔아서 번 돈으로 고아원 아이들에게 맛있는 것을 사 주자! 혼자서만 잘 먹고 잘살겠다고 돈을 버는 것보다 나누어 주기 위해 돈을 버는 것이 더 아름답지 않겠니?"

나는 김밥을 싸는 것이 힘들었지만 힘든 기색을 보일 수 없었다. 엄마가 실망할까 봐 겁이 났다.

- 《맹자가 들려주는 대장부 이야기》 중에서

다　나는 한낱 선원으로 바다에 나간다. 그래서 돛대 앞이나 갑판 아래, 또는 제일 높은 마스트의 꼭대기에서 해야 할 궂은 일들은 도맡아 처리한다. (……) 이것은 확실히 괴로운 일이다. (……)

시골 출신의 선장이 명령조의 말로 내게 비를 들고 갑판을 청소하라고 윽박지른들 어쩌리. 신약성서에 비추어 보면 이 세상에 노예 아닌 사람이 있겠는가, 그런데 이 정도의 굴욕이 무슨 대수란 말인가? (……)

선원 일에는 노고에 대한 대가를 지불해 주기 때문에, 나는 언제나 일반 선원 자격으로 바다에 나간다. 동전 한닢 조차 승객에게 돈을 지불한 예는 없다. 오히려 승객이 돈을 지불한다. 돈을 지불한다는 것과 돈을 받는다는 것은 얼마나 큰 차이를 갖는가? 돈을 받는다는 것, 이에 비견할 만한 것이 있겠는가? 돈은 지상의 모든 악의 근원이다. 그래서 돈을 가진 자는 절대로 천국에 들 수 없다는 뿌리 깊은 믿음도 만들어진 것이다.

이렇게 생각하면 돈을 받기 위해 행하는 이 수고야말로 참으로 갸륵하고 놀라운 일이 아니겠는가?

- 허먼 멜빌, 《모비 딕》 참고

- 관련 기출 문제: [2000] 이화여대 정시 논술 고사 제시문

생각 쓰기

❷ 맹자가 공부를 했던 학교는《중용》이라는 책을 쓴, 공자의 손자인 자사가 세운 학교였다. (……) 맹자는 처음에는 열심히 학교에 다녔지만 얼마 정도 시간이 지나자 게으름을 피우기 시작했다. 어느 날, 맹자는 공부하기가 싫어 수업을 다 마치지도 않고 집으로 돌아왔지. 마침 어머니는 베를 짜고 있었다. 어머니는 게으름을 피우는 맹자를 크게 깨우치지 않으면 안 되겠다고 생각하고 짜고 있던 베를 칼로 싹둑 자르고 말았단다. (……)

"무슨 일이든지 처음부터 끝까지 해내야 한다. 중간에 그만두면 엄마가 잘라 버린 이 베처럼 쓸모가 없게 되는 법이란다. (……) 그러니 앞으로는 부지런히 공부를 하기 바란다." (……) 맹자는 훗날에 이런 말을 했다.

"훌륭한 일을 하는 것은 비유하자면 우물을 파는 것과 같다. 우물을 사람 키의 아홉 배를 팠더라도 물이 나올 때까지 파지 않으면 소용이 없다."

-《맹자가 들려주는 대장부 이야기》 중에서

❹ 명자가 공부를 했던 학교는《과정과 실제》라는 책을 쓴, 화이트헤드의 제자가 세운 학교였다. 명자는 열심히 학교에 다녔지만 집안 형편이 어려워져 공부를 다

마치지 못하고 집으로 돌아왔지. 마침 어머니는 뜨개질을 하고 있었다. 어머니는 공부를 마치지 못한 것을 괴로워하는 명자에게 깨달음을 주기 위해 뜨고 있던 실을 가위로 싹둑 자르고 말았단다.

"명자야, 무슨 일이든지 결과가 아니라 과정이 중요하단다. 내가 중간에 실을 잘랐다고 지금까지 떠 온 옷이 사라지지는 않는 법이란다. 내가 실을 다시 이어 뜨개질을 하면 옷을 뜰 수 있듯이 네가 나중에 공부를 다시 하거나 다른 사람이 네 공부를 이어서 한다면 어찌 네 공부가 헛되다고 할 수 있겠느냐?" 명자는 훗날에 이런 말을 했다.

"훌륭한 일을 하는 것은 비유하자면 우물을 파는 것과 같다. 우물을 사람 키밖에 파지 못하고 그만두었더라도 쉬었다 나중에 다시 파거나 다른 사람이 이어서 파면 결국 물이 나오지 않겠느냐?"

----

1 《모비 딕》

미국의 소설가 허먼 멜빌이 1851년에 지은 장편소설이다. '모비 딕'은 소설에 등장하는 흰 고래의 이름으로 우리나라에는 '흰 고래'라는 한자어의 뜻인 '백경'으로 소개되었다. '모비 딕'이라는 머리가 흰 거대한 고래에게 한쪽 다리를 잃은 선장의 복수 이야기이다. 고래잡이 어선의 선장은 모비 딕에 대한 복수심으로 고래를 찾아 항해를 계속한다. 어느 날 모비 딕이 나타나 3일이나 싸움을 계속한 끝에 선장은 작살로 모비 딕을 명중시켰으나 결국 모비 딕에게 끌려 바다 밑으로 빠지고 배도 침몰한다.

2 《과정과 실재》

영국의 철학자 화이트헤드가 쓴 책이다. 그는 신을 포함하여 모든 존재하는 것은 그보다 앞선 과정을 통해 생겨나 새로운 무엇인가를 덧붙이는 창조적인 자기실현의 과정이라고 주장했다. 우주의 모든 존재들은 다른 많은 존재들을 창조적으로 종합하여 새로운 자기를 만들어 가는 과정이므로, 모든 존재는 결과가 아니라 과정으로서만 존재하는 과정적 존재이며, 혼자서 존재하는 것이 아니라 다른 것들과의 관계 속에서만 존재하는 관계적 존재라고 주장했다.

3 화이트헤드

20세기 전반에 활동한 영국의 철학자 겸 수학자이다. 《수학 원리》를 통해 수학의 논리적 기초를 확립하려 하였으며, 《자연인식의 제원리》, 《자연의 개념》, 《상대성 원리》를 통해 자연과학의 철학적 기초를 확립하려 하였다. 미국으로 건너간 이후에는 《과학과 근대 세계》, 《관념의 모험》, 《과정과 실재》를 통해 유기체 개념과 과정 개념을 중심으로 창조적 형이상학을 전개했다.

03강 범죄의 재구성

 아래의 글 **가**와 **나**는 **다**의 상황과 같은 생계형 범죄의 책임 소재에 대한 서로 다른 시각을 보여 준다. 그 차이를 밝혀내고, 생계형 범죄의 책임에 대한 여러분의 생각과 생계형 범죄를 줄일 수 있는 해결 방안에 대해 설명하시오.

가   무항산 무항심(無恒産 無恒心). 항산이 없으면 항심도 없습니다. 백성은 일정한 직업이 없으면 한결같은 바른 마음을 가질 수 없습니다. 한결같은 바른 마음이 없으면 하지 않는 짓이 없게 됩니다. 그렇게 죄에 빠진 다음에 벌을 준다면, 그것은 백성을 짐승 잡듯이 그물로 잡는 것과 같습니다. 그러므로 훌륭한 임금은 백성들에게 일정한 직업을 만들어 주어 (……) 풍년에는 배불리 먹고 흉년에도 죽음을 면하게 해 줍니다. 지금은 (……) 죽음을 면하기에도 넉넉하지 못한데 어느 겨를에 예의를 차리겠습니까?

– 《맹자가 들려주는 대장부 이야기》 중에서

– 관련 기출 문제: [2005] 동국대 수시 1학기 논술 고사 제시문

（나） 무항산 유항심(無恒産 有恒心). 항산이 없어도 항심은 있을 수 있습니다. 의로운 백성은 일정한 직업이 없어도 한결같은 바른 마음을 가질 수 있습니다. 한결같은 바른 마음이 있으면 아무리 가난해도 해서는 안 될 짓은 하지 않게 됩니다. 죄를 저질렀어도 벌을 주지 않는다면, 그것은 백성들을 짐승처럼 죄의 수렁으로 몰고 가는 것과 같습니다. 그러므로 훌륭한 임금은 의로운 백성들에게는 상을 주고, 죄를 지은 백성들에게는 벌을 주어 풍년에도, 흉년에도 죄를 짓지 않게 해 줍니다. 지금은 죄를 지어도 '무항산 무항심'을 구실로 벌을 받지 않는데 어느 누가 예의를 차리겠습니까?

– 《맹자가 들려주는 대장부 이야기》 중에서

（다） 장 발장은 가난한 농가에서 태어났으며, 소년 시절에는 글도 배우지 못했다. 어른이 되어서는 나뭇가지 치는 일을 해 왔었다. 장 발장은 아주 어려서 부모를 여의었다.

장 발장에게 남은 가족이라고는 자식 일곱을 낳고 과부가 된, 그보다 나이가 훨씬 많은 누이 하나뿐이었다. 장 발장은 스물다섯 살이 되었다. 그는 자기를 길러 준 누이의 가속을 떠맡아야 했다. 그는 닥치는 대로 일을 했다. 누이 역시 일을 하긴 했지만 그들은 갈수록 가난에 쫓기고 몰리는 비참한 생활을 했다. 그러던 중 혹독한 겨울이 왔다.

장 발장은 일이 없었다. 집에는 빵이 없었다. 그야말로 한 조각의 빵도 없었다. 어린 아이들이 일곱이나 있는데도! 어느 일요일 저녁, 빵집 주인 이자보는 유리 진열장이 쨍그랑 하고 깨지는 소리를 들었다. 나가 보니 창살과 유리를 한꺼번에 주먹으로 깨뜨린 구멍으로 팔 하나가 쑥 들어와 있는 것이 눈에 띄었다. 그 팔은 빵 하나를 움켜쥐고 나갔다. 이자보는 그를 쫓아가 붙잡았다. 도둑놈은 이미 빵은 내던져 버렸으나, 그 팔에는 아직도 피가 흐르고 있었다. 도둑은 바로 '장 발장' 이었다. 장 발장은 유죄 판결을 받았다. 우리들의 문명사회에는 끔찍스런 순간이 있다. 형법이 인간의 파멸을 선고하는 때가 바로 그러하다. 사회가 인간을 돌이킬 수 없는 함정에다 내팽개치는 순간은 얼마나 비통한 일인가! 장 발장은 5년형을 선고받았다.

– 빅토르 위고, 《레 미제라블》 참고

생각 쓰기

㉮ 무항산 무항심 유살인(無恒産 無恒心 有殺人). 항산이 없으면 항심도 없어져 살인이 있게 됩니다. 사람은 안정된 직업이나 재산이 없으면 안정된 마음을 가질 수 없습니다. 마음이 불안하면 못하는 짓이 없게 되어 살인도 서슴지 않습니다. 그렇게 안정된 직업이나 재산을 보장해 주지 못하여 마음을 불안하게 만들어 놓고 그 죄만을 물어 사형을 내린다면, 그것은 사람을 굶겨 놓고 음식을 훔쳐 먹었다고 굶겨 죽이는 것과 같습니다.

–《맹자가 들려주는 대장부 이야기》 중에서

㉯ 무항벌 무항심 유살인(無恒罰 無恒心 有殺人). 항벌이 없으면 항심도 없어져 살인이 있게 됩니다. 의로운 백성은 안정된 직업이나 재산이 없어도 안정된 마음을 가질 수 있습니다. 마음이 안정되어 있으면 아무리 가난해도 해서는 안 될 짓은 하지 않게 됩니다. 살인죄를 저질렀어도 사형을 시키지 않는다면, 그것은 백성들을 짐승처럼 죄의 수렁으로 몰고 가는 것과 같고, 의로운 백성들을 피에 굶주린 이리

떼 속으로 몰고 가는 것과 같습니다.

– 《맹자가 들려주는 대장부 이야기》 중에서

🄓 어떤 사람이 누명을 써서 사형선고를 받고 감옥에 갇혀 있었다. 어느 날, 임금이 감옥을 둘러보러 왔다. 누명을 쓴 사형수는 말했다. "임금님, 사형을 일 년만 미뤄 주세요. 그러면 임금님의 말을 가르쳐서 하늘을 날아다닐 수 있도록 만들겠습니다." 임금님은 어이가 없었지만 사형이 늦춰지는 것일 뿐이므로 허락을 했다. 여러 달이 지났지만 그는 임금님의 말에게 하늘을 나는 것을 가르치지 않았다. 궁금해서 다른 죄수들이 물었다.

"왜 임금님의 말을 가르치지 않소?"

"죄 없는 나를 죄가 있다 하여 죽이려 하는 것과 날지 못하는 말을 날 수 있다고 하는 것이 무슨 차이가 있겠소? 어차피 죽을 목숨 아니오. 사형을 미루면 그 사이에 누명이라도 벗겨질까 해서 한 말이오." 사형수는 담담하게 말했다. 그 후 사형수의 누명이 벗겨져서 자유의 몸이 되었다. 하지만 임금님의 말은 영영 하늘을 날지 못했다.

– 《탈무드》 참고

생각 쓰기

우산(武山)의 나무가 예전에는 참 아름다웠습니다. 그런데 사람들이 매일 우산의 나무를 베어서 썼습니다. 그래서 지금은 나무가 없는 헐벗은 산이 되었습니다. 사람들은 나무가 없는 산을 보고는 우산에 원래부터 나무가 없었다고 생각합니다. 지금의 모습이 우산의 본래 모습이 아닌데도 말입니다!

사람도 마찬가지입니다. 사람에게는 본래 사랑과 옳음의 마음이 있었습니다. 그러나 우산의 나무를 날마다 베어 버려 이제는 본래 모습이 남아 있지 않은 것처럼, 날마다 자신의 양심을 베어 버려서 본래의 사랑과 옳음의 마음이 남아 있지 않게 된 것입니다. 양심이 날마다 조금씩 자라더라도 하루 종일 나쁜 행동을 하여 그것을 없애 버리면 양심이 거의 사라지게 되어 동물과 큰 차이가 없게 됩니다.

이렇게 해서 동물과 큰 차이가 없게 된 사람을 보고는 원래 양심이 없었다고 생각합니다만, 그것이 어찌 그 사람의 본래 모습이겠습니까? 양심이란 잘 기르면 자라나고 기르지 못하면 없어지는 것입니다.

– 《맹자가 들려주는 대장부 이야기》 중에서

생각 쓰기

㉮ 맹자 형님: 인간의 본래의 성격, 즉 본성이 착하다는 것에 대해 너희들은 어떻게 생각하니?

똑똑이: 맞는 말이에요! 사람은 본래 착해요. 세상에는 나쁜 일도 많이 일어나지만 그래도 99.9퍼센트의 사람들은 착하게 살아가니까요. 나쁜 일을 하는 사람들은 본성이 착하지 않아서가 아니라 경험이나 환경 등의 영향으로 그렇게 된 거라고 생각해요.

철구: 저는 그렇게 생각하지 않아요. 똑똑이를 보세요. 똑똑이의 본성이 착하다면 어떻게 그런 못된 짓을 할 수 있겠어요? 농담이고요. 사람의 본성이 착하다면 아무리 환경이 나쁘더라도 나쁜 일을 하진 않을 거예요. 그러니까 사람은 나쁜 일을 할 수 있는 가능성을 원래 가지고 태어난 거죠. 단지 교육을 통해서 그것을 바꾸는 것이라고 생각합니다. 아이들을 보세요. 다들 천사 같다고 하지만 얼마나 이기적인데요? 먹을 것이 생겨도 나눠 먹을 줄도 모르고 막 숨겨 놓고 먹잖아요.

똑순이: 저는요……, 사람은 착하지도 나쁘지도 않은 것 같아요. 갓난아기들은 아무것도 모르잖아요. 그러니까 처음부터 착하거나 나쁘거나 하지 않고, 음,

그냥 자라면서 착하거나 나쁘게 되는 것 같은데…….

- 《맹자가 들려주는 대장부 이야기》 중에서

④ 고자: 사람의 본성은 고여 있는 물과 같습니다. 동쪽으로 터놓으면 동쪽으로 흐르고, 서쪽으로 터놓으면 서쪽으로 흐릅니다. 사람의 본성에 착하거나 착하지 않은 것의 구분이 없는 것은 물에 동쪽과 서쪽의 구분이 없는 것과 같습니다.

맹자: 물에는 참으로 동쪽과 서쪽의 구분이 없지만, 위와 아래의 구분도 없습니다. 사람의 본성이 착한 것은 물이 아래로 내려가는 것과 같습니다. 사람은 착하지 않음이 없고 물은 아래로 내려가지 않음이 없습니다. 지금 물을 쳐서 튀어 오르게 하면 사람의 키를 넘을 수도 있고, 거꾸로 흐르게 하면 산꼭대기로 끌어올릴 수도 있습니다. 그러나 그것이 어찌 물의 본성이겠습니까? 특별한 경우일 뿐입니다. 사람이 착하지 않은 것도 그와 같습니다.

순자: 물에는 참으로 동쪽과 서쪽의 구분이 없지만 위와 아래의 구분은 있습니다. 사람의 본성이 악한 것은 물이 아래로 내려가는 것과 같습니다. 사람은 악하지 않음이 없고 물은 아래로 내려가지 않음이 없습니다. 지금 물을 쳐서 튀어 오르게 하면 사람의 키를 넘을 수도 있고, 거꾸로 흐르게 하면 산꼭대기로 끌어올릴 수도 있습니다. 그러나 그것이 어찌 물의 본성이겠습니까? 특별한 경우일 뿐입니다. 사람이 악하지 않은 것도 그와 같습니다.

- 《맹자가 들려주는 대장부 이야기》 중에서

다 먼 옛날 리디아 지방에 기게스라는 사람이 있었다. 그는 왕을 모시는 양치기였는데, 늘 성실하게 자기 일을 하는 사람이었다. 어느 날 그는 평소처럼 양 떼를 몰고 들판으로 나갔다. 그런데 아침에 출발할 때는 멀쩡하던 하늘이 갑자기 먹구름으로 뒤덮이더니 심한 폭풍과 지진이 그 들판에 들이닥쳤다. 폭풍과 지진이 그치고 난 뒤 기게스는 들판이 갈라진 자리에 깊은 구멍이 생긴 것을 보았다.

기게스는 호기심을 이기지 못하고 그 구멍 속으로 들어갔다. 거기에는 조그만 문이 달린 속이 빈 청동 말이 있었다. 그 청동 말 안에는 시체가 있었는데 시체의 손가락에 커다란 금반지가 끼워져 있었다. 잠시 망설이던 기게스는 반지를 빼 가지고 돌아왔다.

반지를 만지작거리다 반지가 사람을 사라지게 하는 힘을 가진 투명 반지라는 것을 알아냈다. 기게스는 반지의 힘을 이용하여 왕이 되려는 음모를 꾸몄다. 양 떼를 보고하기 위해 왕궁으로 간 기게스는 왕비를 유혹한 뒤 왕을 죽였다. 기게스는 왕비와 결혼하여 리디아의 새로운 왕이 되었다.

– 플라톤, 《국가》 참고

– 관련 기출 문제: [2007 대입] 건국대 수시 1학기 논술 고사

생각 쓰기

㉮ 공도자: 고자는 사람의 본성은 착함도 없고 착하지 않음도 없다고 말합니다. 어떤 사람은 사람의 본성이 착하게 될 수도 있고 착하지 않게 될 수도 있다고 말합니다. (……) 또 어떤 사람은 본성이 착한 사람도 있고, 착하지 않은 사람도 있다고 말합니다. (……) 그런데 지금 선생님께서는 사람의 본성이 착하다고 하시니, 그렇다면 그 사람들은 다 틀린 것입니까?

맹자: 사람들은 모두 불쌍하게 여기는 마음을 갖고 있으며, 자신의 잘못을 부끄러워하고 남의 잘못을 미워하는 마음을 갖고 있으며, 사양하는 마음을 갖고 있으며, 옳고 그름을 가리는 마음을 갖고 있다. (……) 밖으로부터 나에게 주어진 것이 아니라, 내가 본래 가지고 있는 것인데, 생각하지 않을 뿐이다.

— 《맹자가 들려주는 대장부 이야기》 중에서

㉯ 얼핏 보기에 단란하기 그지없는 한 가정이 있었다. 가족으로는 아버지, 어머니, 오빠, 여동생, 이렇게 네 명이었는데, 가족 구성원 한 사람 한 사람만을 따로 떼어 놓고 봤을 때는 모두가 그다지 흠잡을 데 없는 사람들이었다.

하지만 그 속내는 판이하게 달랐다. 아버지는 나머지 가족들 때문에 자신은 돈 버는 기계로 전락하고 말았다고 투덜거렸고, 어머니는 남편과 자식들을 위한 가

정부에 지나지 않는다고 스스로 비하했다.

또한 오빠는 부모님의 간섭과 감시가 싫다며 밖으로만 나돌았고, 여동생은 모든 가족들의 잔심부름을 도맡아 하는 자신은 또 뭐냐며 따지고 들었다. 이렇듯 서로가 서로를 공격하기에 바쁜 그들 가족은 단 하루도 행복한 날이 없었다.

ⓓ 따돌림이란 두 사람 이상이 집단을 이루어 특정인을 소외시켜 반복적으로 인격적으로 무시하거나 음해하는 언어적, 신체적 일체의 행위를 뜻한다. 집단 따돌림은 가해자가 피해자에게 그 원인을 돌리며, 가해자와 피해자의 위치가 바뀌면서 따돌림의 대상이 무차별화된다는 특성을 가지고 있다.

집단 따돌림의 원인으로서는 부모의 타인을 배려할 줄 모르는 이기적인 생활 태도나 무관심, 인성 교육보다 입시 위주의 교육을 우선하는 학교의 지나친 경쟁적인 교육 풍토, 사회의 물질 만능주의와 지나친 개인주의, 대중매체의 과다한 폭력적인 내용 등을 들 수 있다. 집단 따돌림을 해결하기 위해서는 가정, 학교, 사회가 지속적인 사랑과 관심을 가지고 서로 협력하여 원인들을 제거하여 사전에 예방하고 일단 발생하면 조기에 발견하여 재발되지 않도록 다각적인 조치를 취해야 한다.

1 성악설

　　고대 중국의 유학자 순자가 주장한 학설로서 사람의 본성은 악하다고 생각하는 유교 사상이다. 순자는 성악설을 도덕적인 수양이 필요한 근거로 삼았다. 성악설은 사람의 타고난 욕망(악)을 그대로 두면 사회적인 혼란이 일어나기 때문에 도덕적 수양을 통해 통제해야 한다고 주장했다. 이 사상은 한비자 등의 법가에 계승되었으나 유교의 정통 사상으로서는 성선설에 밀렸다.

2 고자

　　중국 전국시대 제나라의 사상가이다. 사람의 본성에 관하여 맹자와 논쟁을 벌여, "사람의 본성은 본래 선도 아니고 악도 아니며, 다만 교육하기 나름으로 그 어느 것으로도 될 수 있다"고 주장하였다.

3 우산

　　중국 사천성의 우산 현(縣)에 있는 산이다. 우샤(巫峽)라고도 부르며, 양자강 북쪽에 있다. 예로부터 문학 작품의 소재가 된 우산 12봉이 솟아 있는데, 기암 절벽으로 이루어져 경치가 아름답다. 또한 초나라 양 왕이 꿈에 우산의 신녀와

맺어졌다는 전설로도 유명하다.

4 왕도 정치와 패도 정치

왕도 정치란 덕으로 다스리는 정치를 말한다. 맹자는 예로 다스리는 공자의 '예' 의 정치를 발전시켜 덕으로 다스리는 '덕' 의 정치를 하는 것이 왕의 도리라고 주장하였다. 그는 누구나 본래 본성이 착하기 때문에 임금이 덕을 베풀면 백성들은 자신들의 본래의 착한 본성을 되찾아 서로 덕을 베풀고 사는 살기 좋은 세상이 될 것이라고 생각했다. 반면에 패도 정치란 힘으로 다스리는 정치를 말한다. 왕의 힘을 강하게 만들어 세상의 질서를 잡으려던 사람들은 사람의 본성은 본래 악하기 때문에 힘으로 억누르지 않으면 온갖 못된 짓을 일삼는 혼란스런 세상이 될 것이라고 생각했다.

5 《레 미제라블》

프랑스의 대문호 빅토르 위고가 1862년에 쓴 장편소설이다. 인도주의적인 세계관으로 일관된 파란만장한 서사시적 작품으로서 낭만주의 문학의 대표작이다. 청년 장 발장은 한 조각의 빵을 훔친 죄로 19년간의 감옥살이를 마치고 출옥한다. 아무도 돌보지 않는 그에게 하룻밤의 숙식을 제공해 준 신부의 집에서 은 촛대를 훔쳤다가 다시 체포되어 끌려가게 되었을 때, 신부는 자비로운 마음으로 그 은 촛대는 자기가 장 발장에게 준 것이라고 증언하여 그를 구해 준다. 여기서 비로소 인간의 사랑에 눈을 뜨게 된다는 이야기이다.

6 《탈무드》

'지혜의 바다' 라는 뜻으로 유대인 율법 학자들이 말하거나 해설한 것을 집대성한 책이다. 이 책은 유대교의 율법, 전통적 습관, 축제·민간전승·해설 등을 총망라한 유대인의 정신적 ·문화적인 유산으로 유대교에서는 《토라(Torah)》라고 하는 '모세의 5경' 다음으로 중요시된다.

04강 진정한 대장부

case 1 맹자에 따르면 대장부란 올바른 큰 뜻을 품고 그것을 이루기 위해 꾸준히 노력하는 사람이다. 그러한 대장부가 되기 위해서는 호연지기를 길러야 한다. 호연지기는 지극히 크고 지극히 굳센 기운이며, 올바른 행동을 함으로써 기를 수 있다. 여러분은 어떤 사람이 대장부라고 생각하는가? 아래의 글을 읽고 여러분이 생각하는 대장부가 되기 위해서는 어떤 것이 필요하며 그것을 기르기 위해서는 무엇을 해야 하는지 논술하시오.

공손추: 선생님은 어디에 뛰어나십니까?

맹자: 나는 나의 호연지기를 잘 기른다.

공손추: 호연지기란 무엇입니까?

맹자: 말하기 어렵다. (……) 호연지기를 기르는 것은 말로 하는 것이 아니라 몸으로 하는 것이기 때문이다. (……) 호연지기는 지극히 크고 지극히 굳센 기운이며, 올바른 행동으로 기르면 천지 사이에 꽉 차게 된다. 자기가 어떤 행동을 했는데, 자신의 양심에 조금이라도 꺼리는 구석이 있다면, 그 기운은 줄어든다. (……) 호연지기를 기르려면 끊임없이 노력하면서도 빨리 목적에 도달하려고 하지 말아야 한다. 마음속에서 잊지 않으면서 그렇다고 조장(助長)하지도 말아야 한다.

– 《맹자가 들려주는 대장부 이야기》 중에서

생각 쓰기

1 대장군과 대장부

대장부는 대장군과 혼동하기 쉽다. 대장군은 싸움을 지휘하는 장군 중에 최고의 장군을 뜻하는 반면, 대장부란 어른 남자를 뜻하는 장부 중에 최고의 장부를 뜻한다.

대장부란 올바른 큰 뜻을 품고 돈이나 지위나 권력에 흔들리지 않으며, 다른 사람과 더불어서든 혼자서든 그 뜻을 이루기 위해 꾸준히 노력하는 사람이다. 대장부는 뜻을 이루었다고 자만하지 않으며, 뜻을 이루지 못해도 비굴해지지 않는다.

2 조장(助長)

발묘조장을 줄인 말로 급하게 서두르다 오히려 일을 망친다는 뜻이다. 《맹자》에 나오는 다음과 같은 이야기에서 유래되었다.

중국 송나라에 어리석은 농부가 있었다. 모내기를 한 후 벼가 어느 정도 자랐는지 궁금해서 논에 가 보니 다른 사람의 벼보다 덜 자란 것 같았다. 농부는 궁리 끝에 벼의 순을 잡아 빼 보니 약간 더 자란 것 같았다.

집에 돌아와 자식들에게 하루 종일 벼의 순을 빼느라 힘이 하나도 없다고 하자 자식들이 기겁을 하였다.

이튿날 아들이 논에 가 보니 벼는 이미 하얗게 말라 죽어 버렸다.

아비투어 철학 논술

예시 답안

case 1 맹자의 사상은 사람의 본성에 관한 인성론(人性論)과 그 인성론을 바탕으로 한 정치사상으로 간추릴 수 있다. 맹자는 인간의 본성은 원래 착하다는 성선설을 바탕으로 힘이 아닌 덕으로 다스려야 이상 사회를 만들 수 있다는 왕도 정치사상을 주장했다. 듣기 좋은 말을 했다고 무조건 존경하지는 않는다. 사상은 그 당시의 사람들이나 후세의 사람들에게 큰 도움을 주었거나 줄 수 있는 것으로 그 가치를 인정받았을 때 비로소 위대한 사상이 될 수 있다. 맹자가 위대한 사상가가 될 수 있었던 것은 동양의 여러 나라에서 공자와 맹자의 사상을 근본으로 하는 유교 사상을 국가를 다스리고 사회의 질서를 잡는 기본 사상으로 받아들였기 때문이다. 하지만 통치자들이 자신들만을 위해 받아들인 사상은 위대한 사상이 될 수 없다. 통치자들보다 일반 백성들을 위한 사상일 때 위대한 사상으로 존경받을 수 있다. 덕을 베푸는 정치를 하라는 것은 백성들에게 이로운 정치를 하라는 말이다. 맹자의 사상은 이처럼 백성의 이익이 최우선이 되는 민본 정치사상으로, 백성들에게 정신적으로뿐만 아니라 실질적으로 큰 도움을 주었기 때문에 모두에게 위대한 사상으로 존경받을 수 있었다.

case 1 세 글의 어머니들의 가장 큰 공통점은 이사를 갈 정도로 자녀 교육에 남다른 열정을 가지고 있다는 점이다. 하지만 교육을 바라보는 관점에 있어서는 차이가 있다. ㉮와 ㉯의 어머니는 지식 교육을 지향하는 반면에 ㉰의 어머니는 전인교육을 지향한다. ㉮의 어머니는 열악한 교육 환경을 벗어나고자 하는 것인 데 반해 ㉯의 어머니는 최고의 교육 환경을 지향한다. 그러나 세 어머니 모두 환경을 옮김으로써 자신들이 지향하는 바를 이루려고 한다. 한편, ㉱에 따르면, 위대한 건축가는 환경을 탓하지 않는다. 환경을 탓하지 않고 그 환경에 어울리는 최선의 자녀 교육을 하는 것이 위대한 어머니이다. 활용할 수 있는 환경으로써, ㉮의 경우, 공공 기관이나 시민 단체에서 운영하는 공부방에 보내면 놀이 친구들도 많고 공부를 보살펴 줄 선생님들도 많이 계신다. ㉰의 경우, 뜻이 맞는 부모들과 놀이 공동체를 꾸려 함께 놀이도 하고 박물관 견학이나 현장 체험 활동도 하고 또 틈틈이 봉사 활동도 할 수 있다. 이와 같은 환경을 잘 활용하면 그야말로 참교육을 할 수 있을 것이다. ㉯의 경우는 교육 환경이 아니라 어머니 자신의 교육에 대한 생각을 바꾸어야 한다. 교육의 목적은 1등을 시키는 것이 아니라, 원만한 사회생활에 필요한 능력을 키우는 데 있다.

case 2 예수님은 "부자가 하나님의 나라로 들어가기는 낙타가 바늘구멍으로 들어가는 것보다 어렵다"고 하셨다. 돈은 사람들을 탐욕스럽게 만든다. 돈 때문에 죄를 짓고 다투고 전쟁도 한다. 그래서 돈을 '달콤한 악마의 손'이라고도 하고

'모든 악의 근원'이라고도 한다. 그러나 돈이 이처럼 부정적인 측면만 가지고 있는 것은 아니다. 돈은 물물교환의 어려움과 재화를 저장하는 어려움을 덜어 준다. 따라서 돈은 부정적인 측면과 긍정적인 측면을 동시에 가지고 있는 야누스의 얼굴을 한 '필요악'이다. 교육의 목적은 사회생활에 필요한 능력들을 길러 주는 것이다. 돈을 벌고 돈을 쓰는 일은 사회생활에서 큰 몫을 차지한다. ㉓에서처럼 자기가 만든 물건을 팔아 보고, 번 돈으로 필요한 물건을 사거나 남을 돕는 좋은 일에 쓰다 보면 경제활동이 어떻게 이루어지는지, 그리고 번 돈을 어떻게 가치 있게 쓸 수 있는지를 체험하면서 배울 수 있다.

case 3   '맹모단기'의 핵심은 모든 일은 목표를 달성해야 하며, 중간에 그만두면 쓸모가 없다는 것이다. 맹모단기는 자녀 교육의 열정과 현명함을 보여 주는 훌륭한 가르침이다. 게으름을 피우는 사람에게 이보다 더 좋은 가르침은 없다. 하지만 맹모단기는 성과주의의 함정에 빠질 위험성을 숨기고 있다.

맹모단기가 성과주의와 결합되면 단순히 실패한 사람이 듣기에 섭섭한 말의 수준을 넘어선다. '1등만 있을 뿐 2등은 없다'라는 말은 성과주의의 절정을 보여 준다. 오늘날 우리 사회의 지나친 입시 경쟁은 부모들이 광적으로 성과에 집착하는 병든 마음의 결과이다. 맹자는 우물을 사람 키의 아홉 배를 팠더라도 물이 나올 때까지 파지 않으면 소용이 없다고 했다. 누군가가 1m만 더 파서 물이 나왔다면 그래도 소용이 없다고 할 것인가?

case 1 얼핏 보면 ㉮와 ㉯ 모두 생계형 범죄의 책임을 국가에서 찾는 듯하다. 그러나 ㉯는 국가에게 상벌을 주지 않은 책임을 묻는다. 어떤 행위에 대해 상이나 벌을 주는 것은 그 행위의 책임이 그 행위자에게 있다고 믿기 때문이다. 따라서 ㉯는 일차적 책임이 개인에게 있다고 주장하는 셈이다. ㉮도 개인에게 아무런 책임이 없다고 주장하는 것은 아니다. 가난해도 범죄를 저지르지 않는 사람들이 있기 때문이다. 일차적인 책임이 국가에게 있다는 말이다.

결국 ㉮는 일차적인 책임이 국가에게 있다고 주장하고, ㉯는 개인에게 있다고 주장하는 것이다. '목구멍이 포도청이다' 라는 말이 있다. 배고픔이 착한 사람도 도둑으로 만든다. 세상에 가난을 좋아하는 사람은 없다. 천성이 게을러서 가난한 사람도 있겠지만 가난해서 배우지 못하고 배우지 못해 힘들게 일하는 사람이 있다. 일하고 싶어도 일자리를 얻을 수 없어 가난한 경우가 대부분이다. 장 발장이 대표적인 경우다. 생계형 범죄의 일차적인 책임은 국가와 사회에 있다. 생계형 범죄를 막는 최선의 길은 의료, 교육, 일자리를 비롯하여 최소한의 생계를 보장하는 복지국가를 실현하는 것이다.

case 2 가난하다고 모두 빵을 훔치거나 살인을 하지는 않는다. 가난하지만 착하게 사는 사람들도 많다. 하지만 '사흘을 굶고도 도둑이 되지 않는 사람은 없다' 고 한다. ㉮의 주장처럼 배가 고프면 양심을 찾을 겨를이 없다. 가난한 사람을 보살피지 않고 그대로 둔 국가와 사회의 잘못이다. 인간의 가장 중요한 권리는 살 권리이다. 모든 존엄성은 살 권리로부터 나온다. 어느 누구도 살 권리를 빼앗을 권리는 없다. 국가라고 하더라도 마찬가지이다. 아무리 살인자라도 살 권리를 지켜 주지 않으면 인간의 모든 존엄성이 무너진다. 사형은 인간의 존엄성을 무너뜨리는 살인일 뿐이다. 어떠한 경우라도 정당한 살인은 있을 수 없다.

㉯는 사형이 없으면 사람들이 마구 살인을 저지를 것이라고 주장했다. 하지만 수많은 나라들이 사형 제도를 없앴지만 살인이 마구 일어나지 않았다. 사형 제도가 살인을 예방하는 효과가 크게 발휘하지 못하고 있다는 것이 그 증거이다. 더구나 ㉰에서처럼 무고한 사람이 죽을 뻔한 경우도 있다. 죽고 난 다음 누명이 벗겨지면 아무 소용이 없다. 처벌의 목적은 보복이 아니라 죄를 뉘우치게 하는 데 있다. 살인자는 사형 대신 오랫동안 교도소에 가두어 죄를 뉘우치게 하고 새사람이 되게 해야 한다.

case 3 우산의 나무가 예전에는 참 볼품없었다. 그런데 사람들이 매일 우산에 나무를 심고 가꾸었다. 그래서 지금은 나무가 많은 울창한 산이 되었다. 사람들은 나무가 많은 산을 보고는 우산에 원래부터 나무가 많았다고 생각한다. 지금의 모습이 우산의 본래 모습이 아닌데도 말이다! 사람도 마찬가지이다. 사람에게는 본래 사랑과 옳음의 마음이 없었다. 그러나 우산의 나무를 날마다 심고 가꾸어 이제는 본래 모습이 남아 있지 않은 것처럼, 날마다 양심을 기르고 가꾸어 본래의 미움과 그릇된 마음이 남아 있지 않게 된 것이다. 양심이 날마다 조금씩 사라지더라도 하루 종일 좋은 행동을 하여 그것을 키우면 양심이 다시 자라게 되어 성인군자와 큰 차이가 없게 된다. 이렇게 해서 성인군자와 큰 차이가 없게 된 사람을 보고 원래 양심이 있었다고 생각하지만, 그것이 어찌 그 사람의 본래 모습이겠는가? 양심이란 잘 기르면 자라나고 기르지 못하면 없어지는 것이다.

case 4 똑순이나 고자의 말처럼 사람은 본래 착하지도, 악하지도 않게 태어난다고 생각한다. 갓난아기를 보고 착하다거나 악하다고 말할 수 없기 때문이다. 착하다거나 악하다는 것은 인간관계에서 나온다. 다른 사람을 해치지 않고 잘해 주는 것을 착하다고 하고, 다른 사람을 해치는 것을 악하다고 한다. 갓난아기는 다른 사람을 해치지도 않고 그렇다고 다른 사람에게 잘해 주지도 않는다. 그런 행위뿐만 아니라 그런 마음조차 가지고 있지 않다.

그렇다면 왜 세상에는 착한 사람도 있고 나쁜 사람도 있을까? 살면서 주어진 환경 속에서 사람들과 관계하고 배우면서 착한 마음이나 나쁜 마음을 가지게 된다. 그래서 환경과 교육이 중요한 것이다. 좋은 환경과 좋은 교육을 받으면 착한 마음을 가지게 되고, 나쁜 환경과 나쁜 교육을 받으면 나쁜 마음을 가지게 된다. 기게스를 보라. 그렇게 성실하던 사람이 투명 반지로 인해 사회적 통제의 망으로부터 자유로운 환경 속에 있게 되자 사악한 범죄자가 되고 말았다. 하지만 환경에 의해 모두 결정되는 것이 아니다. 아무리 좋은 환경에서 좋은 교육을 받아도 스스로 착한 마음을 가지려고 노력하지 않으면 착한 마음을 가질 수 없다.

case 5 따돌림의 근본적인 원인은 남을 배려하지 않는 마음이다. 남의 괴로움을 생각하지 않고, 원인을 피해자 탓으로 돌려 아무런 양심의 가책을 느끼지 않는다. 친구들도 방관하거나 즐긴다. 불쌍하게 여기는 마음도, 옳고 그름을 판단할 수 있는 마음도, 자신의 잘못을 부끄러워하거나 남의 잘못을 미워하는 마음도 없다.

한마디로 '사람'이 못된 아이들이다. 본성이 악한 것일까? 본성은 착한데 ㉯의 지적처럼 사랑이 없는 나쁜 환경 때문에 악해진 것일까? 나쁜 행동을 한 아이를 본래 본성이 악해서 그렇다고 단정 지으면 개선 가능성을 포기할 위험이 있다. 원래 착했는데 ㉰의 지적처럼 나쁜 환경 때문에 악해졌다고 생각하는 것도 환경이 인간의 선악을 결정짓는다는 환경결정론에 빠질 위험이 있다. 착하지도 악하지도 않았는데 나쁜 환경 속에서 자라면서 반성 없는 생활을 하다 보니 악하게 되었다고 볼 때 비로소 환경 개선과 자기반성이라는 양방향의 해결책을 모색할 수 있다.

태어날 때부터 악하거나 착한 사람은 없다. 착하게 되거나 악하게 될 가능성만 가지고 태어났을 뿐이다. 어떤 가능성을 실현할 것인가는 자신과 주변 사람들의 문제이다.

주 제 탐 구 **04** 강 진정한 대장부

case 1 진정한 대장부는 가난하든 어리석든 모든 사람을 지극히 사랑하는 사람이다. 그러한 대장부가 되기 위해서는 사랑하는 마음을 가져야 한다. 사랑하는 마음은 지극히 크고 부드러운 마음이다. 지극히 크고 부드러운 마음은 다른 사람을 내 몸처럼 여길 때 길러질 수 있다. 다른 사람을 내 몸처럼 여기면서 미워하거나 해치는 사람은 없을 것이다. 다른 사람을 내 몸처럼 여기는 사람은 가난한 사람을 불쌍히 여겨서 도와주고 다른 사람의 잘못을 탓하거나 비난하는 대신 용서하며 그릇된 길로 들어서는 것을 막지 못했던 자신을 반성한다. 예수님이 '이웃을 내 몸과 같이 사랑하라' 고 했던 것처럼 이웃을 사랑하기 위해서는 먼저 이웃을 내 몸과 같이 여겨야 한다.

이웃을 사랑하는 마음도 호연지기처럼 이웃을 사랑한다고 백 번 말한다고 해서 길러지는 것이 아니며, 이웃을 내 몸처럼 여기는 행동을 거듭 행함으로써만 길러질 수 있다.

또한 이웃을 사랑하는 마음은 호연지기처럼 이웃을 내 몸처럼 여기는 행동을 하다가 그만두면 그만큼 줄어든다. 그러므로 이웃을 내 몸처럼 여기는 행동을 꾸준히 행해야 사랑하는 마음이 커져서 진정한 대장부가 될 수 있다.

철학자가 들려주는 철학이야기 006

칸트가 들려주는 순수 이성 비판 이야기

저자_박민수

연세대학교 독문과를 졸업하고 동 대학원에서 석사 학위를 받았다. 지금은 독일 베를린 자유대학에서 '근대 미학에서 미적 가상의 개념' 이란 주제로 박사 논문을 준비하고 있다. 전문 번역가로도 일하고 있으며, 그동안 번역한 책으로는 《우리의 포스트모던적 모던》, 《데리다-니체, 니체-데리다》, 《신의 독약》, 《책벌레》, 《크라바트》 등이 있다.

01강 코페르니쿠스적 전환

"강아지 눈에는 흑백의 세상이 보이고, 사람 눈에는 컬러 세상이 보이잖아. 그리고 조금 전에 피에로 아저씨의 안경을 썼을 때, 세상이 지금과 달라 보였던 것 기억하지? 이렇게 우리가 보는 세상은 우리 눈의 렌즈가 어떠한가에 따라 얼마든지 달리 보일 수 있어. 즉 사물이 생긴 대로 우리가 보는 것이 아니라, 우리가 어떻게 보느냐에 따라 사물이 보이는 거란 말이지. 이것이 어려운 말로 코페르니쿠스적 전환이야."

"아, 알았어요! 코페르니쿠스가 천동설을 완전 반대인 지동설로 엎어 버린 것처럼, 사물의 모습대로 우리가 보는 게 아니라 우리가 어떻게 보는가에 따라 사물의 모습이 보이는 거라고 완전 반대로 뒤엎는 거죠? 그래서 코페르니쿠스적 전환이라고 하고요."

–《칸트가 들려주는 순수 이성 비판 이야기》 중에서

생각 쓰기

천동설

천동설은 지구가 우주의 중심에 있고 움직이지 않으며, 그 둘레로 달과 태양 그리고 별들이 회전한다고 생각했던 우주관이다. 천동설은 수학자 피타고라스에 의해 최초로 이론으로 다듬어졌으며, 플라톤 및 아리스토텔레스와 같은 철학자도 천동설을 지지했다. 이러한 천체 이론은 기독교로부터 지지를 얻어 16세기까지 올바른 이론으로 받아들여졌다.

02 _강 인식의 한계

case 1 칸트에 따르면 인간의 인식은 원천적으로 한계를 가질 수밖에 없다. 다음 제시문을 참고하여 이에 관해 논술하시오.

우리의 눈이나 귀는 그다지 믿을 만한 것이 아닙니다. 어째서 그럴까요?

우리가 들을 수 있는 소리의 범위를 떠올려 보세요. 우리 귀가 들을 수 있는 범위는 16에서 20,000헤르츠입니다. 그 이하나 이상은 들을 수가 없죠. 만약 20,000헤르츠 이상의 떨림이 있다 해도 우리 귀에는 들리지 않습니다. 신기한 일이죠. 그런데 벌레들은 우리 귀에 들리지 않는 소리를 듣는답니다.

이 세상의 소리는 우리가 들을 수 없는 소리도 무수히 많지만 우리는 인간의 귀에 들리는 소리만 소리라고 생각한답니다. 말하자면 우리에게 들리는 것만 진짜 소리라고 믿는 것이지요.

칸트 아저씨의 가르침은 바로 이런 것이었답니다. 우리가 알고 있는 이 세상은 우리 눈앞에 보이는 대로나 들리는 대로일 뿐이라는 것이지요. 결국 이 말을 뒤집으면 어떻게 될까요? 우리가 듣고 보는 세상의 모습은 세상의 참된 모습은 아니라는 것이지요.

여러분들은 지금 입고 있는 빨간 옷의 색이 진짜 빨간색이라고 생각합니다. 하지만 우리와 다른 눈의 구조를 가진 동물이나 곤충들은 우리와 다른 색으로 봅니다. 빨간색 옷이 빨갛게 보이는 것은 원래 그것이 빨갛기 때문이 아니라 우리 눈에 빨갛게 보이기 때문에 그런 것일 뿐입니다.

-《칸트가 들려주는 순수 이성 비판 이야기》 중에서

생각 쓰기

"난 우리가 조금 전에 이야기했던 칸트 아저씨가 생각나서 그냥 물어본 거야. 칸트 아저씨도 비슷한 생각을 했었거든. '과연 이 세상의 처음 시작이 있었을까?' 하고 말이야."

"시작이 있었으니까 지금 우리가 살고 있는 것 아닌가요?"

건미는 태진과 싸운 것이 미안해 얼른 딴청을 피우며 태식이 오빠의 말에 귀를 기울였습니다.

"그래 건미 말대로 세상의 처음 시작이 있다고 쳐 볼까? 자, 어느 순간에 세상이 시작되었다고 치자. 그러면 그 순간의 이전은 없었다는 건데……. 그게 가능할까? 시작이 있었다면 어느 한 순간이 시작된 순간일 텐데 그 시작된 순간 이전에도 분명 시간이 있어야 하지 않을까? 이렇게 보면 시간이 시작된 첫 순간이 있다는 것은 말도 안 되는 것 같지?"

"그럼 세상의 처음 시작이 없다고 상상하면 어떤 문제가 생겨?"

태진도 마음이 조금 풀린 모양입니다. 조금은 부드러운 목소리로 묻습니다.

"도대체 시작이 없다니? 시작이 없다는 것이 어떻게 있을 수 있을까? 아무리 시작이 없다는 것을 생각해 보려고 해도 시작이 없다는 것은 말이 되지 않는구나."

태진과 건미는 고개를 갸우뚱할 수밖에 없습니다. 닭이 먼저냐 달걀이 먼저냐

하는 문제와 똑같기 때문이죠.

–《칸트가 들려주는 순수 이성 비판 이야기》 중에서

생각 쓰기

"어느 깊숙한 산골짜기에 작지만 아주 깊은 우물이 하나 있었단다. 신기할 만치 깊은 그 우물 밑바닥에는 세 마리의 개구리들이 살고 있었지. 우물 속이 깜깜하긴 했지만 개구리들은 아무 불만 없이 행복하게 잘 살고 있었어. 물론 우물 저 높은 곳으로 희미하게 바깥의 빛이 들어오긴 했지. 하지만 워낙 습하고 어두운 곳이라 벌레들이 살기에는 안성맞춤이었어. 벽을 슬금슬금 기어 다니는 벌레들은 개구리들의 주식이었으며 간혹 길을 잘못 찾아 날아든 파리나 날벌레들도 개구리들의 더할 나위 없는 훌륭한 잔치 음식이었단다. 이렇게 아무런 근심도 없이 세월이 흘러가고 있었지. 개구리들은 자신들이 살고 있는 그 우물 안이 이 세상의 전체라고 믿고 있었던 게지. 그런데 어느 날 갑자기 개구리 한 마리가 호기심이 생겼단다. 저도 심심했나 보지? 저 높이 보이는 불빛의 정체가 무엇인지를 밝혀내고 싶었던 게야. 비록 잠시 사라지기도 하지만 멀리서 보이는 저 불빛의 정체가 무엇인지를 밝혀내지 않고서는 견딜 수가 없었단다. 그래서 그 개구리는 용기를 내었어. 혼신의 힘을 다해서 우물의 벽을 타고 위로 오르기 시작했지. 도중에 미끄러지기도 하고 몸에 상처도 났지만 포기하지 않고 우물 끝 부분에 도달했어. 우여곡절 끝에 우물 끝까지 올라온 개구리가 본 것은 이글이글 타오르는 태양이었지. 개구리는 태양을 보자마자 마치 눈이 멀어 버릴 것 같았어. 너무나 놀란 나머지 황급히 우물 속으로 다시 들어가 버렸단다. 다시 밑바닥으로 돌아온 그 개구리는 자신의 친구들에게 저 바깥 불빛의 정체에 대해서 열심히 설명을 했어. 하지만 다른 개구리들은 믿으려 하지 않았어. 그저 지어낸 이야기에 불과하다고 생각한 모양이야. 그렇지만 결국에는, 너무나 완강하게 주장하는 개구리의 태도에 은근히 호기심도 생기고 화도 나기도 한 다른 두 개구리들은 자신들의 눈으로 직접 확인해 보겠다고 나섰어. 물론 이미 우물 끝까지 갔다 온 그 개구리는 놀란 충격 때문에 따라갈 엄두를 내지 못했지. 여하튼 그 두 개구리 역시 우여곡절 끝에 우물 끝에 도달했어. 그런데 그 두 개구리가 본 바깥의 빛은 고요하고 평온했지. 전혀 눈이 부시지도 않았어. 이미 해가 서쪽으로 기울고 땅거미가 지고 있을 무렵이었거든, 허허! 그 두 개구리는 저녁노을의 모습에 감탄이 절로 나왔지. 지난번에 우물 끝에 다녀온 개구리가 말한 것은 거짓이었어. 두 개구리는 내려와서 그 이야기를 해 주었단다. 하지만 다른 개구리 역시 자신이 본 것과 다르기 때문에 두 개구리들의 말을 믿으려 하지 않았어. 결국 모두 같이 다시 한 번 우물 위로 오르기로 했지. 그런데 이게 무슨 날벼락이야? 무언가 바깥 기후에 이상이 생겼는지 우르르하는 소리와 함께 우물 중간이 크게 파이고 말았어. 그래서 그들은 우물 위로 올라갈 수가 없게 되었단다. 결국 세 개구리는 평생 사실을 확인하지 못한 채 자신늘이 본 것만을 신싸 바깥세상의 모습으로 믿으면서 서로가 틀렸다고 우겨대며 살았단다. 허허허!"

-《칸트가 들려주는 순수 이성 비판 이야기》 중에서

생각 쓰기

1 헤르츠

헤르츠(Hertz)는 물리학에서 사용되는 용어로 진동수의 단위이다. 헤르츠는 1초 동안의 진동수를 가리킨다. 즉 800헤르츠는 1초 동안 800번 진동한다는 뜻이다. 이 단위는 전파나 음파 등에 쓰이며, 약호는 'Hz'이다.

2 실체

실체란 '진실로 있는 것'을 뜻한다. 칸트 철학에서 '실체'와 같은 뜻의 말은 '사물 자체'이다. 칸트 이전의 많은 철학자들은 이런 실체를 인식할 수 있다고 믿었다. 하지만 칸트는 인간에게는 실체에 대한 인식이 불가능하다고 주장했다.

03강 신의 의미

"우리 인간들은 간혹 자신이 명확하게 증명할 수 없거나 알 수 없는 것, 혹은 실제로 있지 않은 것을 마치 진짜 아는 것이나 완전히 증명된 것으로 주장하는 경우가 많아. 이것이야말로 법정에서 칸트 아저씨가 말했던 것처럼 이성을 잘못 사용한 경우이지. 실제 있는지, 없는지 도무지 증명할 수 없는 것들, 가령 영혼이라든가 귀신 등은 마치 진짜 경험하고 증명할 수 있는 것으로 내세우는 것은 올바르지 않다는 거야."

"그럼, 칸트 아저씨는 신을 부정한 사람이에요?"

건미는 궁금했습니다.

"아니, 칸트 아저씨는 신이나 종교를 부정하기 위해서 그런 말들을 한 것은 결코 아니야. 칸트 아저씨는 철학계에서도 죽을 때까지 신을 경건하게 숭배한 사람으로 잘 알려져 있으니까. 다만 칸트 아저씨의 주장은 우리가 신에 대해서 생각할 수는 있지만, 결코 신을 안다고는 할 수 없다는 것이지. (……) 그것은 현실에서 경험할 수 없는 것이기 때문이지. 그것은 단지 믿음의 문제일 뿐이야."

-《칸트가 들려주는 순수 이성 비판 이야기》 중에서

　실제로는 존재하지 않는 것들 중에 우리 삶의 편리나 좀 더 나은 삶을 위해서 반드시 필요한 것들이 있습니다. 칸트 아저씨는 이런 것들을 '이념'이라고 부릅니다. 사람들이 모두 마음속에 평화라는 이념을 가지고 있다면 이 세상은 훨씬 더 평화로운 세상이 되겠죠? 그것이 바로 칸트 아저씨가 여러분들에게 들려주고 싶어 하는 생각이랍니다.

–《칸트가 들려주는 순수 이성 비판 이야기》 중에서

생각 쓰기

이념

칸트 철학에서 이념이란 무조건적인 것, 절대적인 것으로 생각되지만 경험
으로는 인식할 수 없는 것을 말한다. 칸트는 주요한 이념으로 영혼, 세계, 신을
들고 있다.

아비투어 철학 논술

예시 답안

case 1 칸트에 따르면, 인간의 인식에서는 우리가 애초부터 갖고 있는 조건이 결정적인 역할을 하고 이 조건이 세상 사물을 있는 그대로 보지 못하게 한다고 보았다. 이러한 주장은 칸트 이전의 철학자들의 생각과 다른 것이다. 과거의 많은 철학자들은 인간이 세상 사물을 있는 그대로 알 수 있다고 생각했다. 비유적으로 표현하면, 과거의 철학자들은 인간의 인식이 스펀지와 같은 것이라고 보았다. 스펀지에 콜라 방울을 떨어뜨리면, 스펀지는 그것을 그저 흡수하기만 한다. 즉 스펀지에 들어온 것도 콜라 방울인 것이다. 반면에, 칸트는 인간의 인식이 특수한 기능을 가진 여과기와 같은 것이라고 생각한다. 그리고 이 여과기를 통과한 콜라는 이미 콜라가 아닌 다른 무엇으로 변해 있다. 인간은 콜라는 인식하지 못하고 콜라가 아닌 다른 무언가를 인식하는 것이다.

칸트의 이러한 주장은 인식에 대한 기존의 믿음을 뒤집는 것이다. 과거의 철학자들은 인간이 알고 있는 것이 절대적 진리라고 생각했지만, 칸트는 이런 생각이 잘못된 것임을 밝혀냈기 때문이다. 그래서 칸트의 사상을 '전환' 또는 '혁명'이라고 부르는 것이다. 그리고 이러한 칸트의 사고 혁명은 코페르니쿠스가 지동설에 의해 기존 사상을 뒤집은 것과 마찬가지의 의미가 있다고 보기 때문에 '코페르니쿠스적 전환' 또는 '코페르니쿠스적 혁명'이라고 불리는 것이다.

– 중학교 교과서 《도덕 1》, 교육인적자원부

case 1   지구상의 모든 동물은 감각기관을 통해서 세상에 관한 정보를 받아들인다. 인간도 마찬가지이다. 인간 역시 시각, 청각, 촉각, 후각, 미각 등의 오감을 통해서 사물을 지각한다. 그런데 감각기관의 특성은 동물마다 천차만별이다. 제시문에 나오듯이 대부분의 곤충은 인간보다 훨씬 더 발달한 청각 능력을 갖고 있다. 또 개를 비롯한 많은 동물의 후각은 인간의 후각과 비교할 수 없을 정도로 예민하다. 따라서 이런 동물들이 보고, 듣고, 느끼는 세상은 인간이 경험하는 세상과는 크게 다를 것이다.

이처럼 인간을 비롯한 모든 동물은 자신의 감각 능력이 지닌 한계 내에서만 세상에 관한 정보를 받아들인다. 물론 인간은 동물과 달리 생각할 수 있는 능력, 즉 이성을 지니고 있다. 그러나 아무리 탁월한 이성이라도 감각이 받아들인 재료에 근거해서만 세상에 관한 앎을 얻을 수 있다. 이성이 이 재료 없이 활동한다면, 이는 생각일 뿐 앎은 아니다.

이런 이유에서 인간의 앎은 제한된 성격을 가질 수밖에 없다. 이 세상에 대한 인간의 앎은 이 세상에 관해 보는 것을 설명해 줄 수 있는 것은 아니다.

case 2   세상에 존재하는 모든 것은 시작과 끝이 있다. 바람은 불기 시작했다가 그치며, 비도 내리다가 그친다. 또 생명체는 태어났다가 죽음을 맞이하며, 돌멩이도 생겨났다가 언젠가는 돌멩이가 아닌 무엇으로 변한다. 이처럼 모든 것에는 시작과 끝이 있다. 그렇다면 이 세상 전체, 즉 우주에 관해서는 어떤 말을 할 수 있을까? 이 세상에도 시작이 있는가? 그리고 끝이 있는가? 칸트는 이 문제는 우리의 앎의 한계를 넘어서는 것이기 때문에 말할 수 없다고 한다.

칸트는 이 사실을 다음과 같이 풀이한다. 만약 세상에 시작이 있었다고 하자. 그러면 자연스레 '세상의 시작 이전에는 무엇이 있었을까? 라는 물음이 생긴다. 이 경우에는 '세상의 시작 이전에 무엇인가 있었다' 와 '아무것도 없었다' 는 대답이 가능하다. 이때 아무것도 없었다고 가정한다면, 도대체 아무것도 없는 상태에서 갑작스레 무엇이 시작될 수 있는가라는 물음이 생긴다. 완전한 무(無)의 상태에서 돌연 무엇인가가 생겨나는 것은 불가능하다. 무엇인가가 생기기 위해서는 그 이전에 다른 무엇이 있어야 한다.

그렇다면 이번에는 세상의 시작 이전에 무언가 다른 것이 존재했다고 가정해 보자. 이 경우에는 '그 무엇이 어디서 시작되었을까?' 라는 물음이 생긴다. 그래서 그 무엇 이전에 또 다른 무엇이 있었다고 대답한다면, 그 '또 다른 무엇은 어디서 시작되었을까?' 라는 물음이 생긴다. 이런 식으로 생각하다 보면, 시작 이전의 다른 시작이 있었고, 그 이전에 또 다른 시작이 있었다는 식으로 무한히 계속된다. 무한하다는 점에서 이것은 시작이 없었다는 뜻이 된다.

하지만 이것도 말이 되지 않는다. 존재하는 것이라면 당연히 시작이 있어야 한다. 그러므로 세상에도 당연히 시작이 있어야 한다. 하지만 이것은 처음의 생각으로 다시 돌아가게 되는 것이다. 결국 우리는 다람쥐 쳇바퀴 돌듯 빙빙 돌면서 아무런 해답도 얻지 못한다. 칸트의 이런 설명에 따르면, 우리는 세상의 시작이 있었다, 없었다에 관해서는 아무것도 알 수 없고 말할 수도 없다.

칸트에 의하면, 인간은 있는 그대로의 세상 모습을 절대로 알지 못한다. 그런 점에서 인간의 앎이란 우물 안 개구리가 보는 세상과 같다. 우물 안 개구리처럼 자신의 한계 내에서만 세상을 경험한다는 말이다. 하지만 그렇다고 해서 칸트가 인간의 세상에 진리가 없다고 주장하는 것은 아니다.

우선 인간의 인식 기관은 누구에게나 동일하다. 개인마다 사소한 차이(예를 들어 색맹)는 있을 수 있지만 인간에게 주어진 인식 조건은 같다. 인간은 누구나 똑같이 색안경이나 여과 장치를 갖고 세상을 본다는 얘기이다. 따라서 이처럼 동일한 조건에 의해 획득된 인식은 적어도 인간에게는 보편성을 가진다. 즉 인간의 인식은 모든 생명체에게 타당할 수는 없겠지만 인간들 사이에서는 진리가 될 수 있다. 예를 들어 개는 색깔을 보지 못하지만, 인간은 (색맹이 아닌 한) 빨간색, 파란색 등을 구별한다. 그러므로 빨간 사과를 보고 빨갛다고 말하는 것은 적어도 인간 사이에서는 참된 것이다.

물론 인간 사이의 진리는 세상을 있는 그대로 보여 주지 못한다는 점에서 절대적 진리가 아니다. 하지만 인간은 세상에 대한 자신의 앎에 한계가 있다는 것을 인정하는 가운데에서도 그런 앎에 접근하려는 노력은 할 수 있다. 제시문에서 살펴보면, 개구리들은 바깥세상을 잠깐만 엿보았으며 이는 세상 전체에 대한 진리가 아니다. 하지만 바깥세상을 전혀 보지 못했을 때에 비한다면 앎이 증가한 것이라고 말할 수 있다. 또 개구리들 각자가 자신만 옳다고 주장하지 않고 서로 아는 것을 비교하고 통합할 수 있었다면 바깥세상에 대해 훨씬 더 진전된 앎을 얻을 수 있었을 것이다.

따라서 인간은 비록 자신의 조건에서 벗어날 수 없겠지만, 세상을 탐구하는 방법을 발전시키고 서로 협조하는 가운데 세상에 대한 참된 앎에 조금씩이나마 다가갈 수 있을 것이다.

case 1 칸트에 따르면, '신이 있느냐, 없느냐?'의 문제는 인간의 이성이 답할 수 없는 물음이다. 인간은 신이 존재하는지, 그렇지 않은지에 대해 아무것도 알 수 없다. 감각을 통해서는 이에 관한 아무 재료도 얻을 수 없기 때문이다.

그렇다면 칸트는 신의 존재를 부정한 것인가? 그렇지는 않다. 칸트는 신이 인식 대상이 될 수 없으므로 인간으로서는 신의 존재 유무에 관해서 아무것도 증명할 수 없다고 말할 뿐이다. 다시 말해 칸트는 앎과 믿음, 앎과 생각을 엄격하게 구분하고, 신은 앎의 대상이 아니라 생각이나 믿음의 대상일 뿐이라고 말하는 것이다.

이처럼 칸트의 '인식론'은 인간이 알 수 있는 영역을 제한시킨다. 그리고 세상 전체를 알 수 없는 인간에게 겸허한 태도를 가지라고 가르친다. 인간은 이러한 겸허함 속에서 신이 존재할지도 모른다는 생각을 할 수 있을 것이다. 칸트에 따르면, 인간이 이런 생각을 인식과 혼동하지 않는 한 이런 생각은 인간의 삶에 도움을 줄 수 있다.

철학자가 들려주는 철학이야기 007

이이가 들려주는 이통 기국 이야기

저자_김광식

서울대학교 철학과에서 학사 · 석사 과정을 마치고 독일 베를린 자유대학교 철학과에서 박사 과정을 마쳤다. 저서로는 《사회철학대계 4: 기술시대와 사회철학》(공저)이 있고, 역서로는 《흄 ―나는 존재하지 않는다》, 《마르크스 정치경제학의 변증법적 방법 I, II》(공역), 《철학대사전》(공역) 등이 있으며, 논문으로는 〈본질과 현상의 범주를 통해 본 인식들 사이의 모순의 문제〉, 〈사이버네틱스와 철학〉 등이 있다. 서양철학과 동양철학을 비교하는 데 많은 관심을 가지고 있다.

01강 이이는 위인인가?

이이는 16세기 조선 시대의 유학 사상가이자 정치가야. 호는 율곡이지. 임금에게 덕으로 다스리는 왕도 정치를 권하였으며, 무거운 세금을 거두고 심한 노동을 시킴으로써 백성들의 삶을 힘들게 하는 낡은 정치를 바꾸라는 개혁안을 제시하였어. 지방관으로 지낼 때는 훌륭한 일을 서로 권하고, 잘못을 서로 고쳐 주며, 예의를 지켜 사귀고, 어려울 때 서로 도와 살기 좋은 고장을 만드는 향약을 실시하였으며, 외적의 침입에 대비해 십만의 군사를 기르자는 '십 만 양병설'을 주장하였단다. 동인과 서인의 대립 갈등이 심화되면서 그의 중재 노력이 실패하고 건의한 개혁안도 받아들여지지 않자 벼슬을 그만두었지.

이이의 왕도 정치 사상과 개혁 정치 사상은 그의 철학 사상으로부터 나왔어. 이이는 '이(理, 보편적 원리)'와 '기(氣, 개별적 근원 물질)'를 모두 중요시하는 입장을 취했지. 이이는 기만 드러나고 이는 여기에 올라타 있으며, 이는 기를 주재하는 역할을 하고, 기는 이의 재료 역할을 하면서 이와 기는 모든 사물에 함께 존재하기 때문에 둘을 분리할 수 없다고 주장했어. 그 주장을 바탕으로 그는 칠정뿐만 아니라 사단도 기가 드러난 결과이고, 사단은 칠정 중에서 선한 것만을 가려내 말한 것이라는 논리를 전개했단다.

이이는 늘 변하고 시공간적으로 제한적인 모양을 띨 수밖에 없는 특수한 존재들인 기들 속에는 항상 늘 변하지 않으며 그 특수한 기들 속을 관통하는 보편적인 원리인 이가 들어 있다는 이통기국설(理通氣局說)을 주장했어. 이이는 보편적인 원리는 시간과 공간에 따라 다르게 드러나므로 특정한 시간과 공간에 맞지 않은 모양은 그 시간과 공간에 맞는 모양으로 바꾸어야 한다는 경장론(更張論)을 주장했지.

이이의 사상은 막연한 이론보다 현실을 개혁하는 실천을 중요시한 실학사상으로 이어졌으며, 위기에 처한 백성을 위해 붓을 놓고 칼을 들고 싸웠던 의병 운동으로 이어졌단다.

생각 쓰기

주요 개념 및 배경 지식

1 왕도 정치

'왕도' 는 왕이 나라는 다스리는 데 마땅히 따라야 할 도리를 말한다. 일반적으로 힘으로 나라를 다스리는 '패도' 정치에 대비하여 덕이나 사랑으로 나라를 다스리는 이상적인 정치를 뜻한다. 맹자는 그 철학적인 근거를 인간의 본성은 선하다는 그의 성선설에서 찾았다. 그는 왕도 정치를 실현하기 위한 구체적인 방법으로 토지를 균등히 분배하는 정전제, 세금과 노동력 징발의 완화, 고의적이지 않은 죄에 대한 처벌 완화, 도덕규범을 가르치는 것을 들었다.

2 경장론

'경장' 은 고쳐서 늘린다는 말로 묵은 제도를 새롭게 고치는 것을 뜻한다. 이 이는 건국 뒤에 정비된 각종 제도가 시대에 맞지 않아 지배 계층의 기강이 풀어지고 백성이 경제적 어려움을 겪으므로 현실에 맞게 새롭게 고쳐야 한다는 경장론을 주장했다. 그는 지배 계층의 기강을 잡기 위한 국가 통치 체제의 정비를 비롯하여 백성의 부담을 덜어 주기 위한 각종 세금과 노동력 징발, 군 복무제도의 개혁을 포함한 국정 개혁안을 선조에게 건의했으나 받아들여지지 않았다.

02강 유교가 망해야 나라가 산다?

case 1 호주제 폐지를 둘러싸고 뜨거운 논쟁이 벌어졌다. 아래의 제시문들을 읽고 호주제와 관련하여 전통 사상의 계승과 발전에 대한 여러분의 생각을 이이의 경장론을 바탕으로 논술하시오.

㉮ 어떤 사회든 처음 생겨나서 점점 발전하여 절정에 이르렀다가 보편적인 가치에서 멀어져 쇠퇴하기 시작하여 마침내 망하는 것이 당연한 이치이지만, 쇠퇴기에 접어든 낡은 사회도 보편적인 가치와 시대에 맞게 다시 새롭게 만들 수 있다고 이이는 믿었어. 이것이 바로 이이가 주장한 경장론이지.

― 《이이가 들려주는 이통 기국 이야기》 중에서

㉯ 한국 역사를 세계 역사의 보편성 속에서 인식하려는 시도는 한국 역사학이 한 걸음 더 발전했다는 증거야. 그러나 과거에 보편성을 강조했을 경우에 그것은 단 하나의 보편적인 법칙만 있다고 보는 입장에 선 것이었지. 즉 역사는 단 하나의 법칙에 의해서 지배되었고, 그것은 모든 민족에게 그대로 적용된다고 주장했던 것이야. 그러므로 그 보편적 법칙에서 어긋나는 점들이 곧 특수성으로 인식되어 왔지. (중략)

이 잘못을 바로잡으려면 보편적인 법칙을 여러 개가 있는 것으로 파악하는 길 밖에 없어. 즉 역사에 작용하는 법칙은 여러 개지만, 그 여러 법칙들은 어느 민족에게나 다 적용될 수 있는 보편적인 것이란 말이지. 다만 이 많은 법칙들이 어떤 민족의 역사에서 구체적으로 나타날 때에 그 나타나는 모습이 다른 민족의 경우와 같아질 수 없고, 그것이 곧 그 나라 역사의 특수성으로 나타나는 거야. 한국 역사의 보편성과 특수성도 이러한 원칙에서 이해되어야 하리라고 믿어.

🄳 호주제도는 인간의 존엄성과 남녀평등이라는 보편적인 가치에 어긋나. 호적제도는 여성이 결혼과 동시에 그 남편의 호적에 입적하도록 하고, 그 자녀를 아버지의 호적에 입적하여 그 성을 사용하도록 하며, 호주의 승계를 철저히 남성 중심적인 순위로 하고, 이혼 가정의 자녀를 아버지 호적에 올려놓음으로써 가정 선택의 자유를 침해하지.

게다가 호주제도는 미혼모 권리를 침해하고, 여성의 정치 참여에 걸림돌이 되며 사회, 경제적 양성 불평등을 정당화시키고, 남아 선호 사상을 부추겨 성비의 불균형을 가져오고 있어. 한편 호주제도는 일제가 내선 동화를 목적으로 조선의 가족제도를 일본 천황제의 하부구조로 만들기 위해 그들의 호주제를 강제적으로 이식시켜 우리의 관습과 전통을 왜곡한 것이기도 하단다.

🄴 "아버지가 돌아가시자, 어머니와 나이 많은 할머니를 제치고 젖먹이 남동생이 호주가 되다니 이것이 말이 되는가?"

그동안 호주제를 폐지하자는 측의 항변의 하나야. 당연히 말이 되지. 실제로 오랜 옛날부터 실천해 온 우리의 전통문화기 때문이야. 그 오랜 전통을 없애려 하는 것은 말이 안 되지. 호주제는 1천 년 이상의 뿌리를 가진 우리 고유의 전통적 가족 질서로 가족공동체의 결속과 동성불혼 원칙 등을 통해 민족 공동체의 결속을 강화시켜 주는 제도야. 따라서 호주제 폐지는 유구한 가족 전통을 존중하는 관습법에 위배될 뿐만 아니라, 가족의 전통과 미덕을 말살하는, 자신의 뿌리를 스스로 부정하는 행위란다.

생각 쓰기

㉮ 이통기국이란 '기는 국한되고 이는 통한다' 는 뜻이지. 국한된다는 말은 제한된다는 말이야. 기는 각자가 지닌 기질에 따라 다르게 나타나지. 같은 부모에게서 태어난 자식이라고 할지라도 자식들은 생김새도 다르고 성격도 다르지. 기가 제한된다는 말은 이처럼 각자가 자신만의 개성을 가지게 된다는 뜻이야. 이는 통한다는 말은 보편적인 진리인 '이' 가 시간과 공간의 제한을 받지 않고 어디서나 통한다는 말이지. 한번 생각해 봐. 부모가 자식을 사랑한다는 진리는 동양과 서양, 옛날과 지금을 통틀어 언제 어디서나 통하잖아?

자, 이제 이통기국이란 말을 정리해 보자. 앞에서 예를 든 것처럼, 형제들은 서로 다른 개성들을 가지고 있지. 이것이 '기국' 이야. 하지만 가족을 사랑한다는 마음('이')은 모두가 함께 나누어 가지고 있지. 결국 '이통기국' 이라는 말은 각각의 개성과 차이를 가진 '기국' 이라 할지라도 '이통' 을 통해 하나로 화합할 수 있다는 뜻을 담고 있어. 가족 개개인은 한 사람 한 사람이 '기국' 으로서 다른 존재이지만, '이통' 을 통해서 사랑의 보금자리를 만들고 있는 거지.

– 《이이가 들려주는 이통 기국 이야기》 중에서

④ 조선 시대 중기와 후기의 정치는 성리학자들에 의한 붕당정치로 이루어졌어. 붕당정치는 성리학의 이념 아래 정책에 대한 공론을 형성한 붕당들이 모여 정책의 옳고 그름을 가리는 정치형태로써 성리학의 원칙에 의한 상호 비판과 견제를 통해 어느 한 정치집단의 독재를 막는 긍정적인 기능을 했지. 하지만 붕당정치가 수행되는 과정에서 공공의 이익보다는 붕당 자신의 이익을 앞세워 서로를 배척하고 몰아내려 하는 당쟁의 양상으로 전개되기도 했단다.

㉮ '구용'은 아홉 가지 얼굴이라는 말로 군자가 지녀야 할 아홉 가지 몸가짐을
뜻해. 군자는 점잖게 걸어야 하고, 손은 공손하게 하며, 눈매는 단정하게 하고, 쓸
데없는 말을 하지 않으며, 목소리를 높이지 않고, 머리를 곧게 세우며, 숨을 거칠
게 쉬지 않고, 반듯이 서 있으며, 얼굴빛을 밝게 하여야 하지.

'구사'는 아홉 가지 생각이나 마음을 말하며 군자가 지녀야 할 아홉 가지 마음
가짐을 뜻해. 군자는 현상을 볼 때는 그 원리를 분명하게 꿰뚫어 보려 하고, 말을
들을 때는 그 말의 핵심을 헤아려 들으려 하며, 사람을 대할 때는 얼굴빛을 부드럽
게 하려 하고, 항상 옷차림을 단정하게 하려고 하며, 말할 때는 진실하게 말하려
하고, 모든 일은 성실하게 하려 하며, 궁금한 것은 물으려 하고, 화가 날 때는 더 심
한 경우를 떠올려 참으려고 하며, 이로운 것은 의로운 것인가 생각해 보아야 하지.

– 《이이가 들려주는 이통 기국 이야기》 중에서

㉯ 옛날에 지혜로운 선생님이 계셨어. 그의 뛰어난 지혜에 대해 소문을 들은 공
주가 그를 만나고 싶어 궁궐로 초대했지. 선생을 보자 공주가 까르르 웃는 거야.

"어쩜 그렇게 못생겼지? 저렇게 못생긴 사람에게 어떻게 지혜가 들어 있을까?"

공주의 말을 듣고도 선생은 아무런 반응이 없었어. 잠시 뒤에 만찬이 열렸단다.

맛있는 음식과 과일이 나왔어. 공주가 선생에게 포도주를 따라 주었지.

"최고로 맛있는 포도주예요."

선생은 포도주를 마시고 나서 물었어요.

"이 좋은 포도주를 어떤 그릇에 담가 두지요?"

"당연히 나무로 만든 술통에 보관을 하지요."

"이 좋은 포도주를 값싼 술통에 보관을 하시다니. 금으로 만든 항아리는 없는가 보지요?"

선생이 돌아가고 나서 공주는 포도주를 당장 금 항아리에 옮겨 담으라고 명령했어. 시간이 한참 지난 뒤 궁궐에서는 큰 잔치가 열렸어. 당연히 포도주도 나왔지. 포도주를 마신 임금님이 갑자기 화를 내셨어.

"포도주 맛이 왜 이래?"

"귀한 포도주니까 금 항아리에 담아 두라는 선생의 말대로 했을 뿐인데……."

공주는 화가 나서 선생을 찾아가서 따졌지. 선생은 빙그레 웃으며 대답했어.

"공주님, 좋은 항아리에 담겨 있다고 좋은 포도주가 되는 것은 아닙니다. 마찬가지로 잘생겼다고 지혜가 있는 것은 아닙니다. 값싼 항아리에도 좋은 포도주가 담겨 있을 수 있듯이 못생겨도 지혜가 있을 수 있습니다."

– 《탈무드》 참고

생각 쓰기

1 호주제도

　　호주는 집의 주인이란 말로 가족을 대표하는 사람을 뜻한다. 호주제도는 남자의 혈통을 따라 호주를 이어받는 제도이다. 호주제도는 남자 어른이 가족의 주인이 되는 가부장제 가족제도와 봉건적인 토지 경제 체제 그리고 유교 사상에 그 뿌리를 두고 있다. 봉건적인 토지 경제 체제가 무너지고 사회의식이 발전함에 따라, 남녀평등 정신에 어긋난다고 하여 호주의 범위가 확대되고 그 권한도 약화되었다. 최근 개정된 민법에 따르면, 2008년에 호주제가 완전히 폐지된다.

2 붕당정치

　　붕당의 '붕(朋)' 은 같은 스승 밑에서 공부한 무리(벗)를 뜻하며, '당(黨)' 은 이해관계를 중심으로 모인 집단을 뜻한다. 붕당이란 같은 생각과 같은 이해관계로 모인 집단을 가리킨다. 붕당정치란 성리학의 세계관을 가진 유학자들이 같은 생각을 가진 학자들로 이념 집단을 형성하고 공공의 이익을 추구하는 길인 공도(公道)에 바탕을 둔 공도 정치를 내세우면서, 자신들의 생각을 담은 당론(黨論)을 수단으로 현실 정치의 주도권을 잡으려고 하는 정치체제를 말한다. 성리학은 군자들의 진붕(眞朋)과 소인들의 위붕(僞朋)을 나누고 소인당은 없애야 하지만 군자당은 권장해야 하며 군주도 군자당에 끌어들여야 한다는 생각을 바탕으로 붕당정치를 권장했다.

성리학이 성행한 조선 시대 중기와 후기에는 붕당정치가 이루어졌다. 붕당정치는 성리학의 원칙에 의한 상호 비판과 견제를 통해 어느 한 정치집단의 독재를 막는 긍정적인 기능도 했지만 붕당정치가 수행되는 과정에서 공공의 이익보다는 붕당 자신의 이익을 앞세워 서로를 배척하고 몰아내려 하는 당쟁의 양상으로 전개되기도 했다.

case 1 아래의 제시문들을 보고 이이의 이기론을 바탕으로 마음과 몸의 관계에 대한 이이의 생각을 추론하고 여러분의 생각에 비추어 평가하시오.

㉮ '이(理)'는 사물의 보편적인 원리나 법칙을 뜻해. 또는 모든 사람의 마음이 다 같이 옳다고 여기는 보편적인 도덕법칙을 뜻하기도 하지. '기(氣)'는 원자나 분자처럼 온 세상에 퍼져 흩어졌다 모였다 하면서 형체를 이루는 가장 근원적인 물질이나 보편적인 원리인 '이'가 현상으로 드러나도록 작용하는 에너지를 뜻해. 이이는 '기'를 '이'가 달라붙거나 올라타는 그릇과 같은 것으로 보았지. '기'를 형체가 있고 움직인다고 보았는데 그것은 '기'가 시간과 공간의 제약을 받으며 존재하거나 활동하는 것을 말해.

이이는 '기'의 본래 모습이 아주 맑아서 텅 빈 것과 같은 것이어서 눈으로 볼 수 없는 것으로 보았지. '기'는 흩어지고 모이고 하여 차이가 나고 온갖 사물의 종류와 변화가 생겨. 그 과정에서 '기'가 본래 모습을 잃기도 하지. 보편적인 원리나 가치나 성질인 '이'는 '기'에 달라붙어 있거나 올라타고 있어. 하지만 '기'나 '기질'이 맑은 본래 모습을 잃고 탁해지면 '이'가 가려져 온전히 발휘될 수가 없지. 이 '기'나 '기질'을 맑은 본래 모습으로 바꾸면 사람의 본성인 '이'가 온전히 발휘되어 성인군자가 되는 것이란다.

-《이이가 들려주는 이통 기국 이야기》 중에서

다 몸과 마음의 관계에 대해서는 하나로 보는 입장과 둘로 보는 입장이 있어. 하나로 보는 입장은 참으로 존재하는 것은 몸뿐이며, 마음은 몸의 기능이나 성질일 뿐이라고 주장하지. 마음은 뇌의 특별한 기능일 뿐이라는 것이야. 반면에 둘로 보는 입장은 둘 다 존재한다고 주장하지. 둘로 보는 입장은 둘이 상호 작용한다는 입장과 전혀 상호 작용하지 않는다는 입장과 다른 것의 부산물이라는 입장으로 다시 나뉜단다.

상호 작용한다는 입장은 몸은 부피를 가지고 존재하는 데 반해, 마음은 사유를 통해서 존재하지만, 망치로 손을 치면 아픔을 느끼듯이 몸의 작용이 마음에 영향을 줄 수 있고, 망치로 손을 치려고 마음을 먹으면 망치로 손을 치는 몸동작이 따라오듯이 마음의 작용도 몸에 영향을 줄 수 있다고 주장하지. 전혀 상호 작용하지 않는다는 입장은 둘은 따로 작용하지만 떨어져 있는 시계 두 개가 시간이 맞듯이 신에 의해 서로 맞도록 되어 있다고 생각해. 하나가 다른 것의 부산물이라는 입장은 몸과 마음은 전혀 다른 성질의 것이지만, 작용하는 것은 몸(뇌)일 뿐이며 정신은 뇌 작용의 부산물이라고 생각하지. 마음의 작용이 몸에 영향을 미치는 듯이 보이는 까닭은 마음을 부산물로 생기게 하는 몸(뇌)의 작용이 먼저 있고 그 뒤를 이어 몸의 움직임을 생기게 하는 몸(뇌)의 작용이 뒤따르기 때문이라고 설명한단다.

㉮ 왕관을 순금으로 만들었는지 다른 물질을 섞어서 만들었는지 어떻게 가려낼 수 있을까? 아르키메데스는 같은 크기의 그릇 두 개에 같은 양의 물을 넣고 한쪽은 그 왕관을, 다른 쪽은 그 왕관과 같은 무게의 금 덩어리를 넣었어. 흘러넘친 물의 양이 다르자 그는 다른 물질을 섞은 것이 분명하다고 말했지. 왜 그럴까? 아르키메데스의 원리 때문이지. 아르키메데스의 원리란 '물에 잠긴 물체는 위로 향하는 부력을 받으며, 그때의 부력은 밖으로 흘러넘친 물의 무게와 똑같다' 는 것이야. 더 자세히 설명해 볼까?

기체나 액체로 이루어진 유체(流體)에 물체가 완전히 잠기거나 혹은 일부분이 잠겨 정지하고 있으면 물체가 밀어낸 유체의 무게만큼 부력이 위쪽으로 작용해. 물체가 밀어낸 유체의 부피는 유체에 잠긴 부분의 부피와 같지. 밀려난 유체의 무게는 위로 작용하는 부력의 크기와 같아져. 즉 액체나 기체에서 물체가 떠오르지도 가라앉지도 않는다면 뜬 물체에 작용하는 부력은 뜬 물체의 무게와 크기는 같고 방향이 반대가 된단다. 예를 들어 처음 띄운 배는 배가 밀어낸 물의 무게가 배의 무게와 똑같아질 때까지 가라앉게 되지. 이 배에 짐을 실으면 배가 더 깊이 가라앉으면서 더 많은 물을 밀어내 부력의 크기가 배와 짐을 합한 무게와 같아지게 유지한단다.

물속에 나무를 놓거나 헬륨(He)을 채운 풍선을 공기 중에 풀어놓을 때처럼 물체의 무게가 밀려난 유체의 무게보다 가벼워지면 물체가 떠오르지. 물체의 무게가 밀어낸 유체의 무게보다 무거운 경우에는 물체가 가라앉게 되지만 물체는 밀어낸 유체의 무게만큼 가벼워져. 실제로 무게를 정확히 재려면 주변 공기의 부력 효과를 계산하여 그 무게만큼 빼 주어야 하지. 물체가 더 깊이 잠길수록 유체의 압력이 증가하기 때문에 부력이 생겨. 그러므로 잠긴 물체가 받는 압력은 깊이 잠긴 쪽으로 갈수록 커지며 부력은 늘 위쪽을 향하게 되어 중력의 반대 방향을 향한단다.

누르는 물의 압력
⇩
오른쪽으로 미는 압력　⇨　물체　⇦　왼쪽으로 미는 압력
⇧
올리는 물의 압력

부력 = 올리는 압력 − 누르는 압력

– 《아르키메데스가 들려주는 부력 이야기》 중에서

❹　여러분 앞에 U자 모양의 관이 있어. 그런데 관의 오른쪽 단면적이 왼쪽보다 열 배나 넓어. 관 속에 물이 차 있고, 관의 양쪽 물 위에는 고무마개가 끼워져 있지. 왼쪽 고무마개를 밑으로 1뉴턴의 힘으로 누르면 오른쪽 고무마개는 몇 뉴턴의 힘을 받을까? "당연히 1뉴턴의 힘을 받지요"라고 대답할지 몰라. 하지만 놀랍게도 10뉴턴의 힘을 받게 된단다. 이는 파스칼의 원리 때문이지. 파스칼의 원리란 '유체의 한곳을 누른 압력은 모든 방향으로 그대로 전달되어서, 단면적에 비례하는

힘을 얻는다' 는 것이지.

— 《아르키메데스가 들려주는 부력 이야기》 중에서

생각 쓰기

1 심신 이원론

심신은 마음과 몸을, 이원이란 두 개를 뜻한다. 심신 이원론이란 마음과 몸이 서로 다른 종류의 두 개의 존재라는 이론이다. 즉 마음을 몸(뇌)의 기능으로 보는 이론에 반대하는 것이다. 프랑스의 철학자 데카르트는 몸은 연장(부피)을 갖는 존재인 데 반하여, 마음은 연장을 갖지 않고 사유(생각)로만 있는 존재라고 했다. 마음이 팔을 들려고 하면 팔이 들려지고, 팔이 부러지면 아픔을 느끼듯이 둘은 상호 작용을 한다고 보았다. 한편 독일의 철학자 라이프니츠는 둘이 아무런 상호 작용도 하지 않는다고 생각했다. 둘은 두 개의 시계가 시간이 맞는 것처럼 신에 의해 서로 맞도록 되어 있다는 것이다. 한국의 철학자 김재권은 마음은 몸(뇌) 작용에 따라오는 부산물이라고 주장했다. 마음이 몸에 작용한다는 오해는 마음을 낳는 '뇌 작용' 이 몸의 행동을 낳는 '뇌 작용' 에 영향을 끼치는 것을 마음의 작용이 몸의 행동에 영향을 끼친다고 생각했기 때문이다.

2 에셔

20세기에 살았던 네덜란드의 화가이다. 기하학적 원리와 수학적 개념들을 바탕으로 상상력을 발휘한 그림들로 유명하다. 주로 안이 밖이 되고 밖이 안이 되는 뫼비우스의 원리를 이용해 뱀이 자기 꼬리를 물고 있는 것과 같이 돌고 도는 순환적 관계를 표현한 작품들이 많다. 한편 관심에 따라 형태와 배경이 달라진다는 형태심리학을 바탕으로 그린 그림의 형태와 배경이 바뀌면서 전혀 다른 그림으로 반전되는 작품도 유명하다. 학문의 성과를 예술로 승화시킨 본 보기라고 할 수 있다.

3 아르키메데스

기원전 3세기에 살았던 그리스의 철학자이다. 수학과 과학 등 여러 분야에 업적을 남겼다. 그에 관한 많은 이야기들은 그의 이론을 바탕으로 꾸며 낸 것들이 많다. 그가 히에론 왕의 왕관의 무게를 물속에서 달아 순금인지 다른 물질이 섞인 것인지 알아냈다는 이야기는 사실일 가능성이 높지만, 목욕을 하다 부력의 원리가 떠올라서 뛰어나와 "알아냈어(유레카)!"라고 소리치며 거리를 발가벗고 뛰었다는 부분은 꾸며 낸 것 같다. 또한 거대한 거울 장치를 사용하여 시라쿠사를 포위한 로마 선박을 불태웠다는 이야기나, '서 있을 자리와 지레를 달라, 그러면 지구를 움직일 것이다'라고 한 이야기, 수표(數表)를 남길 것을 거절했기 때문에 로마 병사에게 죽었다는 이야기 등은 그의 반사광학 이론, 지렛대의 원리, 수학에 대한 관심을 재미있게 꾸며 낸 이야기일 가능성이 높다.

4 파스칼

17세기에 살던 프랑스의 철학자이다. 수학, 과학, 신학 등 여러 분야에 업적을 남겼다. 액체나 기체의 압력에 관한 원리(파스칼의 원리)를 체계화했으며, 근대 확률 이론을 창시했고, 신의 존재는 이성이 아니라 심성을 통해 체험할 수 있다고 가르치는 종교적 독단론을 주장했다. 이러한 직관론은 장 자크 루소와 앙리 베르그송 및 실존주의자 등 후세의 철학자들에게 상당한 영향을 끼쳤다. 그는 무엇보다도 명상록으로 유명하다. 그는 명상록에서 신이 있다는 것을 의심하는 회의론자들을 '내기'로 물리칠 수 있다고 주장했다. 신이 존재하지 않는다면 신을 믿는다 해도 전혀 손해 볼 것이 없지만, 만약 신이 존재한다면 신을 믿지 않는 사람은 신을 믿음으로써 영원한 삶을 얻을 수 있는 기회를 놓쳐버린다는 것이다.

04강 이이가 들려주는 평화 유지 비법?

가 폭력은 폭력으로서만 막을 수 있어. 부당한 힘은 정당한 힘으로만 막을 수 있지. 부당한 힘에 길들여져 있는 깡패의 폭력을 좋은 말로만 막을 수는 없어. "때리는 것은 나쁘니까 때리지 마"라고 백 번 말해도 깡패가 말을 들을 리 없잖아. 평소에 무술을 배우고 힘을 길러야지 깡패가 함부로 때리지 않지. 그래도 혼자서는 여럿을 못 당해. 패거리를 만들어 몽둥이를 들고 몰려 다녀야 아무도 못 덤벼. 그래도 폭력은 나쁘다고? 부당한 폭력에 맞서서 폭력을 행사하는 것은 정당방어야.

나 폭력은 어떠한 경우라도 정당할 수 없어. 남이 때린다고 나도 때리는 것은 남이 욕설을 한다고 나도 욕설을 하는 것과 같지. 고슴도치와 토끼 이야기를 알고 있지?

  고슴도치와 토끼가 맛있는 음식을 걸고 달리기 시합을 했어. 고슴도치는 꾀를 써서 몰래 자신과 닮은 아내를 경주의 결승점에 먼저 보냈지. 토끼가 도착하자 고슴도치 아내가 "나는 벌써 와 있다" 하고 말했어. 결국 고슴도치가 음식을 차지했지. 다음 날 고슴도치와 토끼가 맛있는 음식을 걸고 강을 건너는 시합을 했어. 토끼는 꾀를 써서 몰래 자신과 닮은 동생을 강 건너편으로 먼저 보냈지. 고슴도치가 도착하자 토끼의 동생은 "나는 벌써 와 있다" 하고 말했어. 결국 이번에는 토끼가 음식을 차지했지.

남이 비열한 방법을 쓴다고 자신도 비열한 방법을 쓰면 똑같이 비열한 사람이 되는 거지. 내가 쓴 비열한 방법이 정당화되는 건 아니야.

– 그림형제, '고슴도치와 토끼' 참고

[2006] 서울대 정시 논술고사 제시문 참고

라 현실 세계에는 무수히 많은 폭력들이 난무하고 있어. 어떠한 형태의 폭력이든 폭력을 쓰는 것은 정당화될 수 없다는 주장이 있지. 폭력에 호소하는 것은 도덕적으로 잘못된 것이며, 숭고한 인간의 도덕적 의무를 포기하는 행위라고 비판하는 비폭력주의의 주장이 그것이야. 하지만 이러한 비폭력주의에 대하여 폭력 사용의 정당화를 주장하는 논거들도 만만치 않아. 폭력적 수단일지라도 옳은 목적을 위한 것이거나 좋은 결과를 가져오는 것이면 정당화될 수 있다는 주장도 있지. 폭력을 허용하는 교육 방법, 즉 체벌은 정당하다는 거야. 합리적 방법으로 사회 체제의 개혁이 불가피할 때는 폭력을 쓰는 편이도 정당화되어야 한다는 주장도 있어. 또한 폭력 사용은 상호성의 원칙에 의해서도 정당화되어야 한다는 주장도 있지. 눈에는 눈으로, 이에는 이로 갚는다는 말은 폭력이 정당화될 수 있음을 의미한다는 거야. 정당방어라는 것도 방어적으로 불가피한 폭력의 정당성을 인정하는 거지. 뿐만 아니라, 생명계의 보편적 생존 원리에 근거하여 폭력 사용이 정당화되

어야 한다는 주장도 있어. 약육강식은 자연법칙이며 우리 인간도 그 법칙을 벗어
날 수 없다고 보는 거지. 대부분의 사회현상도 결국은 힘에 의한 지배 관계를 뜻하
는 권력 투쟁의 논리로 설명된다는 거야. 용서도 힘이 있어야 가능하다는 말도 폭
력 사용의 정당성을 위해 사용되지. 힘없는 약자가 강자를 용서한다는 것은 한갓
공허한 자기기만에 지나지 않는다는 거야.

[1997] 이화여대 1차 모의논술고사 제시문 참고

생각 쓰기

1 비폭력주의

억압이나 폭력에 대응하기 위해 폭력을 사용하지 않고 저항하는 평화주의 사상을 말한다. 원래 자이나교의 '어떤 생물이든 죽이지 말며, 또 남이 죽이는 것도 용인하지도 마라' 는 사상에서 나온 것이다. 간디는 이 사상에 깊이 감명을 받고 비폭력 저항 투쟁을 시민 불복종운동의 형태로 전개하여 영국으로부터 독립을 쟁취할 수 있었다. 간디는 목숨을 걸고 단식을 하기도 했다. 간디의 정신은 미국의 흑인 해방운동에도 영향을 미쳐 미국 흑인 운동의 지도자 마틴 루터 킹이 비폭력 시민 불복종운동을 전개했다. 킹은 비폭력 운동을 국제 문제로까지 확대시켜 국내의 인종 문제를 가로막는 요인이 베트남전쟁에 있다고 지적하고, 전쟁 자체를 국제적인 폭력이라고 규정하여 적극적인 반전운동을 전개하였다.

아비투어 철학 논술

예시 답안

case 1　이이의 사상은 철학사상과 정치사상으로 나눌 수 있다. 철학사상은, 백성들에게 덕을 베풀어야 한다는 보편적인 원리(이)는 모든 구체적인 정책들(기)과 분리할 수 없으며, 그 보편적인 원리는 모든 구체적인 정책들에 담겨 있어야 하고, 그 보편적인 원리에 벗어난 그릇된 정책들은 그에 맞게 바꾸어야 한다는 생각으로 간추릴 수 있다. 이러한 철학사상은 왕도 정치 사상과 낡은 제도를 개혁하는 개혁 정치 사상의 바탕이 되었다.

이이가 위인으로 존경받는 이유는 그가 독창적인 철학사상을 내놓았기 때문만은 아니다. 자신의 철학사상을 바탕으로 백성을 이롭게 하고 백성의 불편함을 없애려는 민본주의 정치사상을 만들어 실천하려 했기 때문이다. 학문 그 자체를 위해 학문을 한 것이 아니라 백성을 위한 사회적 실천을 목적으로 학문을 했기 때문이다.

case 1　현재나 다른 문화의 특수한 기준도, 과거나 우리 문화의 특수한 기준도, 전통에 대한 공정한 평가 기준이 될 수 없다. 전통에 대한 평가는 과거와 현재, 우리 문화와 다른 문화에 걸쳐 관철되는 보편적인 기준으로 이루어져야 한다. 그 보편적인 기준으로 평가하여 긍정적인 것은 이어받고 부정적인 것은 버려야 한다.

㉣와 같이 호주제 전통은 오랫동안 지켜 온 전통이니까 옳다는 평가는 과거의 특수한 기준으로만 평가하는 공정하지 못한 평가이다. 호주제를 평가하는 보편적인 기준은 ㉰에서 지적한 것과 같이 '평등'과 '인권'이다. 그것은 ㉯에서 말한 여러 보편적인 가치들 가운데 하나이다. 호주제는 과거에 가장이 사회보장의 역할을 담당하도록 한 긍정적인 측면도 있지만 기본적으로 여성을 차별하는 제도며, 여성의 인권을 침해하는 제도이다. 그것이 아무리 오래된 관습이고 전통이라고 하더라도 보편적인 가치에서 벗어나는 것은 버려야 한다. 보편적인 원리에서 벗어난 낡은 제도를 보편 원리에 맞게 새롭게 바꾸는 일은 ㉮에서 말한 이이의 경장론과도 일치한다. '경장'이야말로 전통을 참되게 계승하고 발전시키는 길이다.

<blockquote>case 2   붕당정치는 야누스의 얼굴을 가지고 있다. 이상적인 붕당정치는 붕당들이 공공의 이익을 좇는 공도(公道)의 길을 걸음으로써 임금을 백성의 이익을 좇는 왕도(王道)의 길로 이끄는 역할을 한다. 하지만 현실적인 붕당정치는 붕당들이 사적인 이익을 좇는 사도(私道)의 길을 걸음으로써 임금을 백성의 이익을 외면하는 패도(覇道)의 길로 이끌 수도 있다. 조선 시대의 붕당정치는 처음에는 공도를 걸었으나 차츰 사도를 걷기 시작했다. 처음에는 성리학의 덕치사상에 바탕을 두고 백성을 괴롭히는 낡은 제도들을 새롭게 바꾸어 백성을 이롭게 하려는 정치를 추구했다. 하지만 권력을 잡게 되자 붕당들 사이에 권력 다툼이 일어났다. 붕당은 사적인 이익을 좇는 집단으로 변질되었다. 여전히 대의명분을 둘러싸고 다투었으나 실제 속셈은 권력과 부에 있었다.

붕당이나 정당은 생각과 이해관계가 서로 다르다. 이것이 기국이다. 하지만 다르다</blockquote>

는 것 자체가 나쁜 것은 아니다. 다름은 상호 비판과 견제를 통해 보다 나은 정치로 이끌 수 있다. 단 살기 좋은 나라를 만들려고 한다는 생각을 함께 나누고 있어야 한다. 이 것이 이통이다. 기국 자체는 좋은 것도 나쁜 것도 아니며, 기국은 이통을 통해서만 보편적 가치인 '이'를 실현할 수 있다. 조선시대의 붕당들(기국)이 조선을 망하게 한 것이 아니라, 그 붕당들이 보편적인 가치(이통)를 무시함으로써 조선이 망했다.

case 3 구용은 몸가짐을 바르게 해야 마음도 바르게 된다는 가르침이며, 구사는 마음가짐을 바르게 해야 몸가짐도 바르게 된다는 가르침이다. 이이가 구용만 가르친 것이 아니라 구사도 가르친 까닭은 몸가짐과 마음가짐이 서로 보완하는 관계에 있다는 것을 가르치려 했기 때문이다. 교복을 입히려 하는 것은 몸가짐을 바르게 해야 마음도 바르게 된다는 구용의 가르침을 실천하기 위한 것이다. 하지만 구사의 가르침은 생각하지 못했다.

㉯는 몸가짐보다 마음가짐이 더 중요하다는 것을 깨우쳐 준다. 아무리 몸가짐을 바르게 해도 마음을 바르게 하려 하지 않으면 마음이 바르게 될 수 없기 때문이다. 마음을 바르게 하려 하지 않으면 아무리 교복을 입고 다녀도 마음이 바르게 될 수 없다. 마음을 바르게 하려고 하면 교복을 입지 않아도 마음이 바르게 될 수 있다. 교복을 강제로 입혀 마음을 강제로 바르게 하려는 것은 원숭이에게 사람 옷을 입혀 인간을 만들려는 것만큼 어리석은 일이다. 옷차림을 강요하지 말고 바른 마음가짐을 가르치는 것이 더 현명한 일이다. 형식이 내용을 채운다고 하지만 채울 내용이 없다면 텅 빈 형식만 남을 뿐이다.

case 1 이이의 이기론을 얼핏 보면 사람의 경우 기는 몸에 해당하고 이는 마음에 해당하는 것으로 볼 수 있을 듯하다. 하지만 그는 모든 마음은 기가 움직여 드러난 것이며, 그 마음들(칠정) 가운데서 오로지 선한 마음들에만 '이'가 담겨 있다고 했다. 따라서 기는 몸이며, 마음은 기(몸)의 작용이 낳은 산물이며, 마음들 가운데 선한 마음속에만 선한 본성인 이가 담겨 있다고 볼 수 있다. 그러므로 몸과 마음의 문제는 이이의 경우 직접적으로는 기와 마음의 문제이지, 기와 이의 문제가 아니다. 하지만 기와 이의 문제는 기와 '이가 담겨 있는 마음'의 문제이므로 결국 몸과 마음의 문제로 된다.

이이는 기의 작용은 '이가 담겨 있는 마음'을 낳는다고 하여 몸의 작용이 마음에 영향을 미칠 수 있다는 점을 인정했다. 하지만 도덕적인 수양(이가 담겨 있는 마음을 가지려는 마음이나 행위)은 탁한 기를 바꾸어 맑은 기로 만든다고도 하여 마음의 작용이 몸에 영향을 끼칠 수 있다는 점도 인정했다. ㈐에서 한 뱀이 다른 뱀의 꼬리를 물고, 그 뱀이 자신의 꼬리를 무는 뱀의 꼬리를 무는 것처럼 몸과 마음의 상호 작용을 인정한 셈이다.

하지만 마음의 작용은 몸(뇌)의 작용의 부산물인 것 같다. 컴퓨터 모니터에 비친 영상들은 컴퓨터 계산 작용의 부산물일 뿐이다. 그 영상은 스스로 움직일 수 없으며, 컴퓨터의 계산 작용에 아무런 작용도 할 수 없다. 이이가 몸(기)의 작용이 마음을 낳는다는 점을 깨달은 점은 높이 사지만, 마음의 작용이 몸(기)에 영향을 끼칠 수 있다고 생각한 것은 뇌 과학이 발달하지 못한 시대의 시대적 한계라고 생각한다.

case **2**　이이에 따르면, '이' 는 보편적인 원리이며, '기' 는 사물을 이루고 있는 눈에 보이지 않는 근원적인 물질이다. '기' 는 흩어지거나 모여서 눈에 보이는 사물을 이룬다. '이' 는 '기' 속에 담겨 있다. ㉮와 ㉯에서 '기' 와 '이' 를 찾아보자.

먼저 눈에 보이는 것들이 있다. 물, 그릇, 왕관 등이 보인다. 현미경으로 들여다보면 분자들이 모여 있고 그 분자들은 다시 원자들로 이루어져 있다. 그 원자들을 '기' 라고 할 수 있다. '기' 처럼 원자도 모든 물질을 이루고 있는 가장 기본적인 물질이다. 기의 본래 모습처럼 원자도 아주 작아서 맨눈으로 볼 수 없다. 기들이 모여서 사물을 이루듯이 원자들도 모여 분자를, 분자들이 모여 사물을 이룬다.

그럼 '이' 는 어디에 있을까? '이' 는 형체가 없어 눈으로 볼 수가 없다. 눈에 보이는 것에서 '이' 를 찾으면 안 된다. '이' 는 '기' 속에 담겨 있다. 원자나 분자 속에 담겨 있는 형체가 없는 것이 뭘까? 바로 그것들이 가지고 있는 성질이나 원리이다. ㉮와 ㉯의 경우, 물속에 담겨 있는 아르키메데스의 원리와 파스칼의 원리이다. '이' 처럼 성질이나 원리도 형체나 움직임이 없어서 아무것도 드러나게 하거나 바꿀 수 없다. 다만 사물 속에 담겨 있어서 그것대로 사물이 특정한 모습으로 드러나거나 바뀔 뿐이다. 파란 신호등에 담겨 있는 교통법규가 직접 우리를 움직여 건너가게 하지는 않는다. 우리가 그것대로 건널 뿐이다.

하지만 이런 해석은 너무 단순화한 것일 수 있다. '이' 와 '기' 는 자연현상일 뿐만 아니라 마음에도 적용된다. 맑은 '기' 와 탁한 '기' 가 있듯이 맑은 원자나 분자가 있고 탁한 원자나 분자가 있을 수는 없다. '이' 가 담겨 있는 마음과 담겨 있지 않은 마음이 있듯이 성질이나 원리가 담겨 있는 사물이 있고 담겨 있지 않은 사물이 있을 수는 없다. 이런 점에서 우리의 해석은 이이의 이기론을 이해시키기는커녕 오해시켰는지도 모른다.

case 1 이이는 외적의 폭력적 침입(침략) 가능성에 맞서서 10만의 군사를 길러야 한다는 '십 만 양병설'을 주장했다. 선조가 그때 이이의 말만 들었으면 임진왜란은 걱정 없었을 거라고들 한다. 이이야말로 민족의 영웅이고 '십 만 양병설'을 반대했던 유성룡은 역적이라는 것이다. 물론 이이가 속했던 서인들이 유성룡이 속했던 동인들을 모함하기 위해 꾸며낸 이야기란 말도 있다.

어쨌든 '십 만 양병설'은 오늘날까지 그 위력을 떨치고 있다. '십 만 양병설'은 냉전 시대에 군비를 확장하는 것만이 평화를 유지하는 유일한 길이라는 주장으로 이어졌다. 요즘은 북한도 핵을 개발해야 미국이 함부로 공격하지 못한다는 주장으로 되살아났다. 과연 폭력이 폭력을 막을 수 있을까? 그렇다면 폭력의 대명사인 조직 폭력배들 사이에는 싸움이 없어졌어야 한다. 폭력으로 폭력을 막으려는 것은 오히려 폭력의 경쟁만 부추길 뿐이다. 폭력은 꼬리를 물고 또 다른 폭력을 낳을 뿐이다. 폭력의 악순환만 있을 뿐이다. 군비 확장이 아니라 군비 축소나 제거만이 영원한 평화를 가져올 수 있다.

더구나 ㉮가 주장한 정당한 폭력이란 있을 수 없다. ㉯가 말했듯이 남이 비열한 짓을 한다고 나도 비열한 짓을 하면 나도 비열한 사람이 되는 것이다. 정당한 비열한 사람이 되는 건 아니다. 세상에 정당한 비열한 사람은 없다. 폭력은 인간의 존엄성을 짓밟는 행위다. ㉰에서 말한 어떤 변명도 폭력을 정당화할 수 없다.

그럼 북한이 가만히 앉아서 미국의 부당한 공격을 당하고만 있어야 한다는 이야기인가? 그건 아니다. 북한은 폭력을 준비할 것이 아니라 핵 개발과 미사일 개발 및 수출을 중단한다는 비폭력 선언을 하고 미국은 미국대로 모든 경제적 제재 조치를 풀고 어떤 공격도 하지 않겠다는 비폭력 선언을 하는 것이다. 현실성 없는 이야기인가? 실제로 서로 요구하는 것이 그것이다. 다만 서로 상대가 먼저 요구 사항을 이행하기를 바라니까 협상이 타결되지 않는 것이다.

마무리를 짓자면, '십 만 양병설'은 평화를 원하는 충정에서 나온 한 평화주의자의 제안이었지만 근본적으로 폭력으로 폭력을 막자는 위험한 발상이 숨어 있다. 그 때문에 오늘날까지 이른바 '정당한' 폭력주의자들의 논리적 근거로 사용되고 있는 것이다.

철학자가 들려주는 철학이야기 008

홉스가 들려주는 리바이어던 이야기

저자_최지윤
고려대학교 철학과 박사 과정을 수료하였고, 어린이철학연구소 강사 및 교재 집필을 했으며, 현재 대진대학교에 출강하고 있다.

홉스의 '리바이어던'

홉스의 '리바이어던'

1 인간의 본성과 자연권

근대적 자유는 사회, 정치적인 연관 관계 속에서 정립된 것이었다. 따라서 개인의 자유를 추구한다는 것은 곧, 거기서 개인이 평안을 찾을 수 있는 공동사회의 붕괴를 의미했다. 이러한 추론이 성립되는 이유는 개인의 욕망이 자신의 이익만을 추구하는 것이라고 보고 있기 때문이다. 홉스는 청교도혁명의 소용돌이 속에서 '일단 사회가 분열되었을때 평화를 가져오는 질서는 무엇을 바탕으로 해서 성립될 수 있는가? 라는 문제의식에서 출발한다. 그리고 인간의 본성을 자기보존 욕구라고 하였으며, '원하는 대로 자신의 힘을 쓰는 자유'를 자연권으로 인정한다. 자기보존의 욕구와 자연권이 주어지면 인간은 자신의 생명을 보존하고 보호하기 위해 이기적으로 될 수밖에 없다. 왜냐하면 자신의 자유를 극단적으로 추구해 나가면 이는 타인의 자유를 침해하는 것이 될 수도 있기 때문이다. 다시 말해 타인의 자유를 인정하면 자신의 자유가 침해되는 모순 상황이 발생할 수밖에 없는데, 인간은 누구나 자신의 이익을 추구하려 하고 따라서 이기적일 수밖에 없다.

② 자연 상태와 자연법

홉스는 인간 본성에 있어 싸움의 세 가지 원인으로 경쟁심, 불신, 명예심을 들고 있다. 이러한 인간 본성의 심리적 원인에 의해 자연 상태는 끊임없는 투쟁 상태가 된다. 만인의 만인에 대한 투쟁 상태 말이다. 한정된 재화에 비해 이를 욕구하는 인간이 많은 자연 상태는 끊임없이 타인의 자유를 제한하고, 이는 다시 자신의 자유 제한으로 돌아오며, 심지어는 생명까지도 위협받는 상황이 된다. 그런데 자연 상태에서 인간은 필연적으로 야기되는 죽음에 대한 공포와 쾌적한 생활에 대한 욕구가 평화조항을 그려 낼 수 있다. 이는 이성과 결부된다. 즉 비참한 자연 상태에서 벗어나겠다는 원망과 이성이 제시하는 전망에 의해(즉 자연 상태에서 벗어날 수 있다는) 본래 자유를 좋아함에도 불구하고 인간에게 서로 자유를 제한하고 자기 자신에게 구속을 가하게 된다. 이렇듯 자연 상태로부터의 탈출을 제시하고 자유의 상호적 제한을 촉구하게 하는 것이 바로 이성에 의해 주어진 자연법이다. 자연법의 가장 기본적인 명법은 '각 사람은 평화를 획득할 전망이 있는 한 평화를 향하여 노력해야 한다'는 것이다. 즉 사람은 다른 사람도 그렇게 했을 경우에는 필요하다고 생각하는 한 평화와 자기 방어를 위해 자진해서 모든 것에 대한 그의 권리를 버려야 하며, 타인이 그에 대해서도 가질 것을 용인하는 자유를 타인에 대해 자기가 갖는 것으로 만족해야 한다는 말이다.

③ 사회계약론과 권위 부여하기

자유의 상호 제한에 의한 평화와 자기 방어를 위한 공존은 사회계약에 의해 실현된다. 주의할 것은 여기서 말하는 사회계약은 각 개인 간의 횡적인 관계에서의 계약이 아니라는 것이다. 이때의 계약은 주권자와 국민 사이의 종적인 계약이다. 그렇기 때문에 이를 위해서는 권리 양도라는 절차가 필요하다. 즉 평화로운 상태를 원하는 개인은 자신의 모든 권리를 포기하고 이를 주권자에게 양도해야 한다. 이렇게 권위를 부여받은 주권자는 국민들의 평화를 보장할 것을 위임받고, 국민은 주권자에게 복종한다.

④ 홉스가 구상한 국가상

플라톤, 아리스토텔레스 이래의 전통적인 국가상에서는 법과 도덕이 구분되지 않고 있으며, 국가 자체가 최고의 선이라고 하는 윤리적 이념을 목표로 한다. 따라서 국가는 개인의 내면적인 가치에까지 손을 내밀고 간섭할 수 있었다. 다시 말해 국가만이 각 개인들의 도덕적인 성숙이 이루어지는 유일한 공동체였던 것이다. 반면 홉스에게 있어 국가는 개인의 내면으로부터 단절되고 평화와 안전을 보장하는 외적인 기구였다.

각 개인의 생명을 보호하고 평화를 지켜 준다는 계약하에 성립된 국가상은 전통적인 도덕 공동체로서의 국가와 다르다. 자발적인 결합에 바탕을 둔 법률적 통합을 통해 시민사회나 정부가 구성된다는 홉스의 사회계약론은 근대 개인주의의 두드러진 특징을 보여 주고 있다.

5 로크와 루소의 국가론

홉스와 같이 로크도 자연 상태의 서술부터 시작한다. 초기에는 확실히 욕망의 억제를 가르친 자연법이 존재하는 평화 상태였지만, 인간이 화폐를 발명하고 재산을 축적하자 투쟁, 강도, 사기 등 나쁜 일들이 생겨났다. 그래서 사람들은 소유권을 지키기 위해 계약을 맺고 정치사회를 만들었다고 설명하고 있다. 이런 의미에서 로크는 당시 자본의 창출과 축적에 계속 매진한 신흥 시민계급의 입장에서 사회계약론을 전개한 것이라고 말할 수 있다. 또 로크는 국가를 안전하게 유지하는 가장 중요한 정치 기관은 입법부이므로 만약 입법부와 행정부(국왕) 사이에 모순이 생긴다면 입법부가 행정부에 우위한다고 하였다. 이는 의원내각제의 선구적 사상이다. 또 그는 나쁜 정부나 입법부는 바꿀 수 있다고도 했는데, 이는 나중에 의회 해산 제도로 발달하였다. 그리하여 정부의 성립·변경은 인민의 동의·계약에 기초한다는 민주주의적 정치사상이나 의회제 민주주의의 운영 규칙 모델이 형성되었다.

루소는 자연이란 문명 상태를 비판하는 무기로서의 자연 상태라고 보면서 이전의 자연 상태에 대한 이론들을 비판하면서 출발한다. 실제로 사회계약이라는 말은 루소가 최초로 사용하였다. 홉스와 로크는 계약, 신약(信約), 동의와 같은 말만을 사용했을 뿐이었다. 홉스와 로크는 정치사회를 형성하면 인간의 자유나 사회적 평화가 확립된다는 낙관론을 가지고 있었지만, 그들보다 약 1세기 늦게 태어난 루소에게 영국의 정치 상태는 민주주의적이라고 생각되지 않았다. 오히려 루소는 자연 상태에서 문명 상태로 진전한 당시의 프랑스 봉건사회를 점점 타락하고 있는 사회로 보았다. 따라서 홉스나 로크처럼 낙관론에 설 수 없었다. 루소는 농업과 야금을 대규모화하고 소수자가 다수자를 모아 물건을 생산하는 구조 안에 인간 불평등의 기원이 있다고 생각했고, 이것에 의해 인간은 자유를 잃어 가는 곳마다 속박에 묶여 있다고 하였다. 법이나 제도, 전제군주 등은 이미 다수의 국민을 억압하기 위한 도구이므로 이 모두를 파괴하지 않고서는 국민의 자유가 회복되지 않고, 평등 역시 달성되지 않는다는 생각이 루소 정치론의 출발점이었다.

1강   국가는 어떻게 탄생되었나?
2강   자연 상태는 투쟁 상태인가?
3강   사회계약론이 갖는 의의는 무엇인가?

01강 국가는 어떻게 탄생되었나?

"자신의 생명을 보존하려는 욕망은 또한 평화도 원하게 만든다. 내가 이해하기로는, 자연 상태에서 목숨의 위협을 느낀 인간이 목숨을 지키기 위해 평화를 원한다는 뜻 같아. 그렇게 투쟁만 계속되면 생명을 지키기 못할 사람들도 많아질 거 아냐. 그러니까 더 이상 싸우지 않고 평화로워지면 모두가 생명을 지킬 수 있다 그런 거지."

"그래서 국가가 나온 거구나?"

갑자기 머리가 좋아진 듯 이해가 팍팍 되는 내가 얼른 아는 체를 했다. 뭐 그렇게 어려운 얘기도 아니구먼.

"그런 셈이지. 그 책에는 리바이어던이라고 나와 있던데, 그냥 국가가 아니라 절대 국가를 뜻하는 거였어. 사람들이 무섭고 불행한 자연 상태에서 벗어나기 위해 계약을 통해 인위적인 국가를 만들었다는 내용이었지."

"계약? 물건을 사거나 집을 사고팔고 할 때 하는 그거? 그럼 국가를 계약으로 산 거야?"

계약이라는 말이 나오자 갑자기 잘 돌던 머리가 정지되는 기분이었다. 국가가 생긴다는 것과 계약이 무슨 상관이란 말이지?

"자연 상태의 사람들이 목숨 보존을 위해 평화를 택하기로 한 것이지. 그래서 평화를 유지하기 위해 강하고 절대적인 무엇이 필요해진 거지. 사람들은 자신의 모든 권리와 힘을 누군가에게 넘기기로 약속하는 거야. 넘겨받은 그 모든 힘을 가지는 절대적인 국가가 그래서 생기는 것이지. 평화를 지키기로 약속하는 것만으로는 평화가 지켜지지 않을 수도 있다는 불안이 있잖아? 계약을 해도 계약이 취소되거나 안 지켜지는 경우가 생기는 것처럼. 그래서 사람들은 자신의 권리와 힘을 왕이든 국가든 거기에 모두 넘겨주고, 자신들은 평화를 보장받는다 이거야. 절대적이고 강한 힘을 가진 그것을 리바이어던이라고 한대."

"리바이어던?"

좀 낯선 말에 내가 고개를 갸웃했다.

"원래 바다에 살던 괴물이었대. 신화에 나오는 건데, 성경에는 하느님의 힘을 보여 주려고 만든 괴물이라는 내용이 있다더라. 어쨌거나 그 강한 힘의 괴물처럼 절대적인 권력으로 사람들의 평화를 지키게 한다, 그런 거지."

"괴물이 평화를 지킨다고? 평화를 위협하는 괴물을 특공대가 지키는 게 아니고?"

"그런데 그게 원래 국가의 유래 맞아? 국가가 진짜 그렇게 해서 생긴 거냐고. 자연 상태라는 것도 좀 이상하다. 야, 역사적으로 그런 게 있었을까?"

꿈의 내용이 무섭기도 했지만, 사람들이 그렇게나 나빠서 서로 죽이고 죽는 시대가 있었다는 것이 믿어지지 않아 물었다.

"홉스가 말하는 자연 상태의 사람들이 실제로 역사 속에 존재했던 것은 아니야. 리바이어던은 역사 교과서가 아니거든. 리바이어던은 국가의 의미와 역할에 대해 생각하는 정치철학서야. 우리가 배운 것처럼 그 당시 영국은 중세가 끝나 가는 혼란기여서 왕과 의회의 세력 다툼이 끊이질 않았어. 그래서 홉스는 두 세력을 조화시키고 평화와 안정을 유지할 수 있는 정치권력론을 구상한 거야. 이렇게 해서 등장한 것이 짜잔, 리바이어던이지. 홉스는 진정으로 국민이 행복하게 살기 위해서 어떤 길이 있는지 생각해 본 철학자였어."

– 《홉스가 들려주는 리바이어던 이야기》 중에서

생각 쓰기

친구 영수와 나는 장난을 치다 교실 유리창을 깨고 말았다. 선생님이 나와 영수를 각각 따로 부르셨다. 아무래도 선생님은 영수와 내가 유리창을 깼다고 의심하고 계신 것 같았다. 내가 생각하기에 나와 영수가 앞으로 맞이하게 될 상황과 결과는 다음과 같다.

❶ 만약 영수가 유리창을 깬 사실을 솔직하게 말하고 나는 유리창을 깨지 않았다고 거짓말을 한다면 영수는 반성문만 쓰고 돌아가게 될 것이고, 나는 반성문에다 화장실 청소까지 하게 될 것이다.

❷ 반대로 만약 내가 솔직하게 말하고 영수가 거짓말을 한다면 나는 반성문만 쓰면 되지만, 영수는 반성문에 화장실 청소까지 하게 될 것이다.

❸ 만약 둘 다 솔직하게 말한다면 두 명 다 반성문만 쓰면 될 것이다.

❹ 만약 둘 다 유리창을 깨지 않았다고 거짓말을 한다면 둘 다 무사할 것이다.

생각 쓰기

내 친구 영수는 평소 거짓말을 잘하고 남을 잘 속이는 아이이다. 뿐만 아니라 평소 영수의 행동을 보면 자기 이익만 생각하는 이기적인 아이라는 것을 알 수 있다. 한번은 영수와 나, 미선이가 앉아 있는데, 우리들 노는 모습이 귀여워 보였던지 아주머니 한 분이 빵을 주신 적이 있다. 그런데 아주머니는 세 개의 빵을 준 것이 아니라 단 한 개의 빵을 주면서 우리보고 먹으라고 하셨다. 그때 그 빵을 먹고 싶은데도 참고 있던 나와 미선이를 두고 영수가 냉큼 하나밖에 없는 빵을 차지해서 먹어 버렸다. 참다못한 미선이가 영수에게 화를 냈고, 그날 영수와 미선이는 크게 싸웠다. 나도 빵을 혼자 먹고 싶은 마음이 없지 않았지만, 나누어 먹었다면 크게 싸움이 날 일도 없었을 것이다. 영수는 미움을 받았고, 영수의 행동 때문에 우리도 이후로는 영수를 만나면 이기적으로 행동하게 되었다. 우리의 이기적인 행동 때문에 영수도 손해를 본 적이 많았다. 어떤 때는 영수 혼자, 어떤 때는 미선이 혼자, 어떤 때는 나 혼자 모든 것을 차지하고 다른 친구들을 놀리곤 했다. 그러던 어느 날 영수가 이제부터 싸우지 말자고 하면서 이기적으로 행동하지 않겠다고 말하는 것이었다. 영수의 제안을 곰곰이 생각해 본 나와 미선이는 서로 싸우고 헐뜯는 것보다는 친하게 지내는 것이 더 낫다고 판단했다. 빵이든 돈이든 서로 나누면 싸울 일도 없을 것이고 매번 내가 다 차지한다는 보장도 없으니 그편이 더 낫다고 생각한 것이다. 그래서 우리 세 사람은 앞으로 어떤 일이 있어도 서로 이기적으로 굴지 않고 친구들을 배려하는 모습을 보이기로 약속했다. 그런데 사람의 성격이 쉽게 바뀔까? 영수의 성격이 쉽게 바뀔 것이란 기대는 하지 않는다. 언제라도 영수는 이기적으로 돌변해서 우리를 골탕 먹일 것만 같다. 우리의 약속이 정말 지켜질 수 있을까?

1　죄수의 딜레마

노벨 경제학자인 존 내시가 제시한 사례이다. 일정한 조건에서 경쟁자 간의 경쟁 상태를 모형화하여 참여자의 행동을 분석, 최적 전략을 선택하는 것을 수학적으로 분석하는 이론인 '게임 이론' 이 대표적인 예이다.

2　합리성

합리성을 어떻게 규정하느냐에 따라 내용이 조금씩 달라지겠지만 여기서는 계산적 합리성을 말하고자 한다. 본문에 제시된 상황을 살펴보면 자신에게 최선의 이익이라고 계산되는 것을 선택하는 사람을 합리적이라고 볼 수 있을 것이다.

02_강 자연 상태는 투쟁 상태인가?

case 1 홉스가 제시하는 국가론에서는 자연 상태가 국가를 이루어 살아가는 것보다 더 나쁜 상태로 그려지고 있다. 그 이유는 무엇인지 다음 제시글을 참고하여 서술하시오.

"왜 물질은 운동을 계속한다는 거지? 멈추는 것도 있잖아. 굴러가던 사과라든지, 돌아가던 팽이 같은 그런 거."

"사과나 팽이가 스스로 멈췄을까? 땅과의 마찰력 때문이지. 땅과 마찰을 일으키지 않았다면 멈추지 않았을 것이다. 운동을 계속하지 못하도록 하는 저항에 부딪혀 어쩔 수 없이 멈춘 것이지."

"그럼, 운동은 멈추지 않는다는 것과 투쟁하는 인간이라는 게 무슨 상관이 있는데?"

괴물이 바로 그 이야기가 하고 싶었다는 듯 반갑게 대답했다.

"중요한 얘기가 그것이다. 세계는 운동하는 물질로 이루어졌다는 면에서 힘도 그렇다고 했지? 힘도 운동이기에 끊임없이 앞으로 나아간다. 힘을 추구하는 사람들의 욕구는 무한하다는 말이지. 힘으로 무언가를 얻으려 할 때 우리는 그것을 얻자마자 또 다른 것을 원하게 된다. 더 힘을 키워 다른 것을 채우면 또 다른 것을 욕망한다. 그럼 왜 사람들은 계속 힘을 키우려고만 할까? 그것은 미래를 위해서이다. 오늘 가진 힘이 내일도 있을 것이란 보장은 없다. 내일 필요한 힘은 더 큰 것이어야 한다. 또한 힘은 절대적이 아니라 상대적이다. 남보다 더 많이 가져야 하기 때문에 늘 남과 비교해서 더 가지려고 하지. 남보다 적게 가지면 지는 것이니까. 남이 가지면 나는 갖지 못한다. 내가 이기든, 남이 이기든, 둘 중 하나이다. 그렇기에 인간은 끊임없는 경쟁 상태에 있게 되는 것이란 말이다."

- 《홉스가 들려주는 리바이어던 이야기》 중에서

생각 쓰기

"자신의 생명을 보존하려는 욕망은 또한 평화도 원하게 만든다. 내가 이해하기로는, 자연 상태에서 목숨의 위협을 느낀 인간이 목숨을 지키기 위해 평화를 원한다는 뜻 같아. 그렇게 투쟁만 계속되면 생명을 지키지 못할 사람들도 많아질 거 아냐. 그러니까 더 이상 싸우지 말고 평화로워지면 모두가 생명을 지킬 수 있다 그런 거지."

(중략)

"홉스 할아버지가 뜻 없이 나를 만들진 않았군. 알아주는 사람이 다 있으니 말이야. 바로 맞혔다. 만인 대 만인의 투쟁. 인간은 끊임없이 욕망에서 욕망으로 나가며, 보다 더 큰 힘의 확보를 추구한다고 했지. 그것은 곧 인간이 자기보존의 욕구에 따라 오늘보다 더 큰 내일의 힘을 확보하려는 것이고, 내일 다가올 경쟁에서 내 힘을 빼앗기지 않기를, 패하지 않기를, 내가 남을 지배할 수 있기를 원한다는 뜻이다. 인간은 운명적으로 남의 패배를 딛고 승자가 될 수밖에 없다. 본질적으로 비사회적이고 이기적인 인간이기에, 서로가 적으로 싸움터에서 마주 서는 것이지. 만인 대 만인의 투쟁…… 참 슬픈 일이지."

쓸쓸한 얼굴로 괴물이 말했다.

"네 말을 들으니 나도 슬퍼진다. 사람은 그렇게 살 수밖에 없는 거야? 무슨 방법이 있지 않을까? 아, 사회계약! 그런 얘기를 들은 것 같아."

영준이가 말해 주던 리바이어던, 그 얘기가 생각났다.

"홉스 할아버지가 생각해 낸 것이 바로 그것이다. 이렇게 서로를 싸움의 대상으로만 여기다가 마침내는 우리의 목숨까지 위태로워질 수 있겠지? 다행히 인간은 이성을 가졌다. 이성적으로 생각하기에, 모두의 안전을 얻고 목숨을 지키기 위해 다른 방법이 필요하다고 판단할 수 있다는 것이다. 그래서 홉스 할아버지가 탄생시킨 것이 바로 나, 리바이어던이다."

– 《홉스가 들려주는 리바이어던 이야기》 중에서

1 운동

어떤 기준점에 대한 물체의 위치가 시간의 경과와 더불어 변하는 현상으로 운동을 지배하는 자연법칙은 수없이 많으나 그 근원이 되는 것은 뉴턴의 운동 법칙이라 할 수 있다. 이에 따르면 물체의 운동 상태를 바꾸는 근원은 힘이며, 힘이 작용하지 않는 한 상태는 변하지 않는다. 이것이 물체의 관성이다.

2 자연법

자연 상태의 인간은 자기보존의 목적이라면 무엇을 해도 상관없는 '천부적 자연권'을 갖는다. 그리고 자기보존권과 자유권을 홉스는 자연권으로 보고 있다. 이러한 자연권을 사회적으로 실현하기 위한 '이성에 의해서 발견된 계율 또는 일반 규칙'을 자연법이라고 한다.

사회계약론이 갖는 의의는 무엇인가?

case 1 홉스의 사회계약론은 '왕의 권리는 신에게서 받은 절대적인 것이므로 국민이나 의회에 의하여 제한되지 않는다'라는 왕권신수설을 부인하는 내용이다. 구체적으로 어떤 점에서 왕권신수설과 다른 것인지 다음 제시글을 참고해서 논술하시오.

"당시 사람들은 나를 달가워하지 않았다. 그 시대에 홉스 할아버지는 나라가 폭동이나 전쟁에 휩싸이는 것보다는 왕에게 복종하여 평화를 얻는 편이 덜 불행할 것이라고 생각했지만 국민들은 절대 권력을 옹호하려는 것이라고 비난했고, 왕만큼이나 힘 있는 세력이었던 종교계에서는 도덕과 신앙을 배격하는 무신론자라고 비난하고…… 하지만 당시의 정치적 상황에 대해 알게 된다면 그렇게 말할 수만은 없을 거다. 홉스 할아버지 시대의 정치는 시민이 아닌 신, 즉 종교인과 극소수의 귀족과 왕이 통치하던 시절이었다. 형식적인 법은 있었지만 무용지물이었고, 왕과 귀족, 종교인들의 무자비한 정치로 시민들은 고통을 받았다. 그래서 홉스는 처음으로 시민들 중에서도 돈 많은 사업가나 상류층에 의한 법의 제정을 통한 정치를 주장했다. 이것이 홉스의 한계이기는 하지만 그 당시로는 처음으로 왕의 무자비한 정치에 대해 제한을 하고 시민에게 주권을 넘겨줄 것을 이야기한 것이어서 아주 획기적인 일이었지."

　"나라의 주권이 시민에게 있는 것! 그걸 민주주의라고 해. 우리나라도 민주주의 국가야. 아, 말꼬리 잘라서 미안. 얘기 계속해."

- 《홉스가 들려주는 리바이어던 이야기》 중에서

생각 쓰기

case **2** 다음의 제시글을 참고하여 국민들은 통치자에 대해 어떤 책임을 져야 하는 것인지, 그리고 이것이 오늘을 사는 우리에게 어떤 의의를 갖는 것인지 논술하시오.

가 "홉스는 정치적 권위에 대한 기독교적 전통을 결과적으로 뒤집어놓고 말았다. 위에 있는 신이 아니라 아래에 있는 국민들이 자신들의 통치자에게 신성에 준하는 권위를 부여했으며, 통치자를 필사(必死)의 신으로 만들었다."

– 왓킨스, 〈홉스의 관념들의 체계〉 참고

나 "자신의 의지에 따라서 다른 사람이 한 행동에 대해 책임을 스스로 인정하는 사람은 본인이다. 행동과 관련해서 본인이라 불리는 사람은 소유물과 관련해서는 소유자라 불리게 된다."

– 홉스, 〈인간론〉 참고

다 "대리인이 본인의 명령에 따라 이전의 약속에 따라 대리인이 본인에게 복종할 것을 약속했다면, 자연법을 어기는 어떤 일을 했을 때 그것을 어긴 사람은 대리인이 아니라 본인이다."

– 홉스, 《리바이어던》 참고

생각 쓰기

주요 개념 및 배경 지식

1 통치권

흔히 주권의 뜻으로 쓰이기도 하나 주권과는 다른 개념이며, 주권이 국가의 사를 결정하는 원동력인 데 비하여 통치권은 주권에 의하여 결정된 국가의사를 실현시키기 위한 권력이다. 국가권력이라고 할 때는 보통 이 통치권을 뜻한다. 홉스는 이러한 통치권의 절대성을 말하고 있다.

2 신약

실제로 사회계약이라는 용어를 정식으로 사용한 것은 루소이며 홉스는 계약, 신약(信約), 동의와 같은 용어를 사용했다. 하지만 의미상 차이는 없다. 신뢰를 바탕으로 한 약속을 말하며, 사회계약이라는 의미로 파악하면 된다.

3 대리인

홉스는 인격체를 자연적 인격체와 인공적 인격체로 나누고, 다른 사람의 말과 행동을 대신하는 개인, 또는 집단을 인공적 인격체라고 부른다. 그리고 인공적 인격체라는 용어를 비유적으로 '대리인'과 '본인', 또는 배우와 작가의 관계로 설명하고 있다. 대리인은 본인의 지시에 따라 본인 대신 말과 행동을

하는 사람이다. 대리인의 권위는 본인으로부터 나오며 통치자와 국민의 관계
도 이와 마찬가지이다.

아비투어 철학 논술

예시 답안

case 1 홉스는 인간의 본성이 이기적이라고 생각했다. 이기적인 인간은 자연 상태에서 자신의 이익을 위해 타인과 싸우게 되고, 이는 자신의 생명마저 위태롭게 만들고 만다. 그러나 인간은 이성을 가진 존재로 자신의 생명을 안전하게 보장해 줄 무엇을 필요로 하게 된다. 평소 여러분도 친구들끼리 다툼을 할 때 한 치의 양보도 없이 서로의 이익을 위해 싸우다가도 선생님이나 어른들이 개입해서 이러한 싸움을 해결해 준 경험이 있을 것이다. 이렇듯 개인들이 각자의 이익을 위해 한 치의 양보도 없이 싸울 때 평화로운 해결책을 원한다면 국가의 개입이 요구된다고 할 수 있다. 즉 이기적인 개인들이 자신의 안전과 평화를 위해 더 큰 권력에 의존하게 되고, 그 권력이 바로 국가라는 것이다. 이것이 바로 사회계약이 이뤄지는 과정이다.

case 2 합리적인 사람이라면 어떤 선택을 할 것인가? 무조건 나에게 이익이 돌아올 것이라 기대하고 행동하는 것과 모든 가능한 상황을 고려해서 최선의 선택을 하는 것 중 어느 것이 자신에게 진정으로 이익이 되는 것일까? 이 상황은 게임 이론가들이 말하는 전형적인 '죄수의 딜레마' 상황이다. 이 경우 영수와 내가 둘 다 거짓말을 한다면 둘 다 무사할 것이다. 그러나 영수와 나는 따로 선생님에게 불려 갔고, 서로 누가 어떤 말을 할 것인지 알 수 없다. 그래서 최악의 경우는 다른 사람이 솔직하게 말했는데, 나는 거짓말을 했을 때가 된다. 따라서 둘 다 거짓말을 한다는 것이 최선의 결과를 보장하지만, 그럼에도 불구하고 둘 다 솔직하게 말한다는 선택을 하게 되는 것이다. 이렇듯 우리는 네 가지 선택지 중에서 무조건 자신에게 이익이 되는 것만을 선택하는 것이 아니라 다른 선택지들과 비교해서 합리적으로 계산하고 행동하게 된다. 이처럼 개인들은 합리적인 것을 선택할 수 있는 이성을 가진 존재이기 때문에 만인 대 만인의 투쟁 상태인 자연 상태보다는 서로의 안전을 보장하는 평화 상태를 모색하게 된다. 즉 내가 이길 것이라는 생각에 계속 싸우는 것이 아니라 내가 지고 상대방이 이길 가능성을 배제할 수 없기 때문에 합리적으로 계산하게 된다는 것이다.

case 3 이 경우는 계약 당사자들이 서로 약속을 지킬 것이라는 신뢰가 바탕 되어 있지 않은 상황이다. 자연 상태에서 만약 이런 식으로 서로 평화를 맺겠다는 약속을 할 경우 신뢰가 바탕 되어 있지 않기 때문에 그 약속은 쉽게 깨질 것이고, 사회계약 역시 이러한 상황에 놓일 수 있다. 그렇다면 홉스가 말하는 사회계약도 쉽게 깨질 수 있는 개인 간의 약속과 같은 것일까? 홉스가 말한 사회계약은 개인과 개인이 맺는 계약 관계가 아니라 국가와 개인 간의 계약이다. 이때의 계약은 혼란스럽고 생명이 위협받는 개인들이 자신의 안전과 평화를 위해 자연 상태의 모든 권리를 국가에 양도하여 맺는 계약이기 때문에 종적인 계약관계라 할 수 있다. 따라서 국민은 자신의 모든 권리와 힘을 양도한 국가에 복종해야 한다. 국가가 절대 권력을 갖는 이유는 사적인 계약처럼 쉽게 개인들이 계약을 파기할 경우 모든 개인들이 다시 만인 대 만인의 투쟁 상황인 자연 상태로 돌아갈 위험이 있기 때문이다.

case 1 자연 상태에서 인간은 끊임없이 서로 경쟁하고 불신하고 헛된 명예를 위해 싸운다. 이는 인간의 이기적인 본성에 기인한다. 마치 운동하는 물체가 끊임없이 운동하고자 하는 것처럼 인간의 욕망 역시 끊임없이 다른 무언가를 욕망한다. 그래서 현재 만족되고 충족되었다고 하더라고 미래를 위해 끊임없이 무언가를 욕망하는 것이다. 서로를 믿지 못하고, 자신에 대한 확신이 결핍되어 있으며, 타인과 경쟁하고자 하는 심리를 가진 인간은 헛된 명예를 위해 끊임없이 타인과 싸운다. 그런 점에서 홉스는 자연상태에서 인간은 끊임없는 경쟁 상태에 놓여 있다고 말하고 있다. 이러한 경쟁심, 불신, 명예의 본질은 권력, 힘에의 의지라고 할 수 있다. 권력, 힘에 대한 욕망이 끊임없는 투쟁, 폭력적 행위의 심리적 배경이라는 것이다.

case 2 자연법은 이성에 의해 주어진 명령이다. 인간은 감정과 이성을 가진 존재인데, 죽음에 대한 공포와 쾌적한 생활에 대한 욕구는 감정에서 비롯된다. 그런데 이성은 평화를 추구하라고 명령하고 있다. 물론 우리가 할 수 있는 모든 수단을 통해 우리 자신을 방어하라고 명령하고 있지만 이는 평화를 추구할 수 없는 경우일 때이다. 그렇다면 여기서 우리는 홉스의 정치철학의 목적이 평화의 안정적 확보에 있다는 것을 알 수 있다. 전쟁과 평화의 문제는 홉스뿐만 아니라 영국 시민전쟁을 직접 경험한 당시 모든 사람들의 관심사였을 것이다. 자연 상태에서 시민사회로의 이행은 곧 평화와 안전의 확보를 의미한다.

case 1 홉스의 사회계약론은 근대 정치 이론의 출발점으로서 큰 의의를 갖는다. 왜냐하면 국가와 개인 간의 관계를 사회계약이라는 계약 관계로 봄으로써 전통적인 국가론에서 나타나는 생각과 큰 차이를 나타냈기 때문이다. 즉 '계약'에 바탕을 둔 원리는 자연적으로 국가가 형성되었다는 전통적인 관점과 달리 자발적인 결합에 바탕을 둔 법률적 통합을 통해 시민사회나 정부가 구성된다는 생각이다. 이는 근대 개인주의의 두드러진 특징을 잘 보여 주고 있고, 절대 왕권에 대항하는 정치적인 개인주의의 승리를 보여 주는 이론이었다.

홉스는 《리바이어던》 전편을 통해 '통치적 권위는 국민의 동의로부터 나온다'는 견해를 지속적으로 유지하고 있다. '국민적 동의'에 바탕을 둔 '권위 부여하기'는 크게 두 가지 의미를 갖고 있다. 하나는 당시에도 여전히 널리 인정되고 있는 '왕권신수설'을 홉스가 부인하고 있다는 것이고, 다른 하나는 이를 통해 홉스가 통치자를 단지 국가 활동과 관련되어 있는 일종의 직책으로 간주하고 있다는 것이다. 신적인 권위에 근거한 왕권에 대해서 국민이 저항할 수 없다는 왕권신수설을 부정함으로써 홉스는 통치권의 신적인 기원에 대해 부정하고 있는 것이다. 하지만 홉스가 통치권의 절대성을 부정하는 것은 아니다. 다만 통치권의 절대성은 그것이 신으로부터 부여받은 것이기 때문이 아니라 통치권이 갖고 있는 저항할 수 없는 힘 때문이다. 그리고 그 저항할 수 없는 힘은 국민들이 자신들의 통치자에게 부여한 것이다.

제시문을 통해 알 수 있는 것은 국민이 통치자에게 권위를 가지고 어떤 행동을 하도록 권위를 부여한다면 그것은 그 통치자가 수행한 행동에 대해 국민들이 스스로 책임을 받아들일 수 있음을 의미한다. 보통 일어나는 일에서도 본인과 대리인의 법률적 관계와 그에 따르는 책임의 분담 량은 분명하다. 법률적인 책임뿐만 아니라 도덕적인 책임에서도 본인이 져야 할 부분이 훨씬 큰 것은 말할 것도 없다. 홉스는 자연법을 어기는 통치자(대리인)에 대해서도 국민(본인)이 책임을 져야 한다고 말하고 있다. 이것은 도덕적 책임인데, 이것까지 부담해야 하는 것이 본인의 몫이다. 오늘날 다시 생각해 보더라도 통치자를 선택하는 것은 국민의 몫이며 그 책임도 국민들이 져야 한다는 홉스의 말은 실제적으로 의미가 있다. 어떤 통치자를 선택하느냐 하는 문제는 결국 그 결정을 내리는 국민들의 정치적 역량과 관련되어 있다. 훌륭한 통치자를 택하고 보다 성숙한 민주주의를 향유할 수 있느냐 하는 것은 국민들 자신에게 달려 있는 문제이기 때문이다.

철학자가 들려주는 철학이야기 009

공자가 들려주는 인 이야기

저자_유성선
현재 강원대학교 철학과 교수로 재직 중이다.

01_강 《논어》란 무엇인가?

동양의 훌륭한 경전 중 하나가 바로 《논어(論語)》이다. 《논어》는 중국은 물론 우리나라 그리고 일본에서도 최고로 여겨졌던 경전이었으며, 오늘날까지도 세계에서 가장 잘 알려진 동양의 대표적인 고전이다. 《논어》를 한마디로 말하면 공자의 언행록(言行錄)이라고 할 수 있다. 제자들과의 문답도 많이 들어 있으나 그것도 넓은 의미에서 공자의 언행 중 일부이다. 특히 개인의 수양을 바탕으로 인류 사회를 합리적인 실천적 정치 행동으로 구현시키고자 한 것이 유교의 목표였다. 가족 간의 사랑을 깨닫게 하고, 아울러 효와 동지애를 바탕으로 한 인류애를 최고의 덕목으로 내걸었다. 그것이 바로 공자가 말하는 인(仁)이다.

《논어》는 그런 공자의 삶과 사상을 가상 살 나타내고 있는 책이다. 공자의 이력과 행적들을 중심으로 구성되어 있는 이 책은 유가 사상의 중심 경전으로서, 공자의 가르침을 전하는 가장 확실한 옛 문헌이다.

생각 쓰기

1 《논어》

《논어》는 공자의 이상과 사랑(仁)의 실천적 가르침이 담겨진 책이다. 유가(儒家)의 성전(聖典)이라고 할 수 있으며 사서(四書)의 하나로, 중국 최초의 어록(語錄)이기도 하다. 고대 중국의 사상가 공자(孔子)의 가르침을 전하는 가장 확실한 옛 문헌으로서, 공자와 그 제자와의 문답을 위주로, 공자의 발언과 행적 등 인생의 교훈이 되는 말들이 간결하고도 함축성 있게 기재되어 있다.

2 유가 사상

유가 사상의 본질은 다음과 같이 정리할 수 있다.

① 인본주의 정신을 기본으로 한다. 유가는 전통적으로 인간의 본성을 선하다고 보고 이것을 계발하는 이론을 정립해 왔다. 인간에 대한 근원적 신뢰와 인간 중심적 사상은 유가의 본질이다.

② 천인합일(天人合一)의 일원적 사유를 기본으로 한다. 천인합일은 우주와 인간의 원리를 일관된 것으로 보는 것, 즉 이 둘을 유기적 전체로서 이해하는 것을 말한다. 여기에서 유가는 나와 다른 사람, 인간과 만물, 인간과 우주를 언제나 조화롭게 발전해 나가는 단계로 보는 존재 이해의 기본 방식을 형성

하였다.

③ 모든 문화 현상을 실천적으로 다루는 실천철학의 성격을 띤다. 유가 사상은
문화철학, 정치철학으로 여겨질 만큼 서양철학과는 달리 문화의 여러 문제
에 대하여 실천적 관심을 보여 왔다. 이것은 유가가 인간의 여러 문제에 관
심을 갖고 관계 중심으로 생각하는 특성에서 비롯되었기 때문이다.

④ 유가는 전통의 계승과 새로운 문화 창조를 조화 있게 이룩해 간 철학이다.

공자 이전 시대에 교육을 받을 수 있는 사람은 귀족뿐이었습니다. 이러한 점은
책도 마찬가지여서 민간에서는 책을 만들 수 없었습니다. 그러나 공자는 당시의
달라진 사회적 조건에 힘입어 일정한 예를 가르침을 원하는 사람이면 누구나 받
아들여 가르쳤습니다. 따라서 중국에서 처음으로 사립학교를 세운 셈이었습니다.

공자 학당의 교과서로는 주로 공자가 편찬한 《시경》, 《서경》, 《주역》, 《예기》 등
이 사용되었습니다. 이 밖에도 공자는 당시 242년간의 역사를 '옳고, 그름' 이라는
관점으로 다시 기록한 《춘추》라는 역사책을 쓰기도 하였습니다.

공자의 사상이 가장 잘 나타나 있는 책은 논어입니다. 반고(班固)가 지은 《한서
예문지(漢書藝文志)》에 따르면 《논어》는 '의논하여 편찬한 말' 이라는 뜻입니다.

진시황의 분서갱유를 겪고 난 한나라 초기에는 세 가지 종류의 《논어》가 있었다
고 합니다. 하나는 제나라 사람들 사이에 전해 온 것이고, 다른 하나는 노나라 사
람들 사이에 전해 온 것이며, 나머지 하나는 공자가 살던 옛집의 벽 속에서 찾아낸
것이라고 합니다.

오늘날 전해지고 있는 《논어》는 그 중에서 제나라에서 전해진 것과 노나라에서
전해진 것을 합친 것이라고 합니다.

지금의 《논어》는 모두 20편으로 구성되어 있습니다. 각 편의 이름은 첫머리에

나오는 두 글자 또는 세 글자를 따서 붙인 것입니다. 《논어》는 송나라 때 이르러 《대학》, 《중용》, 《맹자》와 더불어 4서라고 칭해졌습니다. 그 내용은 대체로 공자의 말과 행동, 공자와 그의 제자 또는 다른 사람들과의 대화, 제자들의 말, 제자들 사이의 대화 등으로 나누어 살펴볼 수 있습니다.

– 《동양철학 에세이》 참고

생각 쓰기

1 사서삼경(四書三經)

유교(儒敎)의 기본 경전으로 사서는 곧 《대학(大學)》, 《논어(論語)》, 《맹자(孟子)》, 《중용(中庸)》을 가리킨다. 삼경은 《시경(詩經)》, 《서경(書經)》, 《역경(易經)》을 이른다.

2 《논어》의 명칭 유래

《논어》라는 책의 이름은 공자의 말을 모아 간추려서 일정한 순서로 편집한 것이라는 뜻인데, 누가 붙인 이름인지는 분명치 않다.

논어는 〈학이편(學而篇)〉에서 〈요왈편(堯曰篇)〉에 이르기까지 총 20편으로 이루어졌으며, 〈학이편〉은 학문과 덕행을, 〈요왈편〉은 역대 성인의 정치 이상을 주제로 하였다. 이처럼 각 편마다 주제가 있기는 하나, 용어가 통일되지 않았고, 같은 문장이 중복되는 경우도 있다. 특히 선반(前半) 10번을 상돈(上論), 후반을 하론(下論)이라고 하는데, 이 둘 사이에는 문체나 내용에 약간의 차이가 있다.

3 한대의 유가

진(秦)나라가 춘추전국시대의 혼란을 통일하자 유교는 진시황에 의해 분서갱유(焚書坑儒)라는 크나큰 박해를 받아 한때 소멸하는 것도 같았으나 한(漢)나라 무제(武帝)에 이르러 국가적 교학이 되어 그 지위를 굳혔다. 정치 계급은 공자를 추앙하고, 오경(五經: 역경, 서경, 시경, 예기, 춘추)을 읽도록 요청하여 유교는 왕조의 체제를 유지하는 이데올로기가 되었다. 전한(前漢) 때는 어떤 하나의 경서에만 치중하는 학풍이 일더니 후한시대에는 여러 경서를 종합적으로 검토하고 그것을 쉽게 해석하려는 훈고학(訓詁學)이 유행하여 이것이 당나라 시대로 계승되었다.

4 맹자(孟子, 기원전 372?~기원전 289?)

맹자의 원래 이름은 맹가(孟軻)이다. 공자의 손자인 자사(子思)의 문하생에게서 공자의 유교 사상을 배웠으며, 어릴 때 현명한 어머니 밑에서 자랐다. '맹모삼천지교(孟母三遷之敎)'는 그의 모자에 얽힌 유명한 고사이다.

그는 중국 전국시대의 유교 사상가이며, 전국시대에 배출된 제자백가(諸子百家)의 한 사람이다. 그가 주장한 것은 도덕 정치인 왕도 정치였으나 이는 현실과 거리가 있는 이상적인 주장이라고 생각되어 제후에게 채택되지 않았다. 그래서 고향에 머물면서 제자 교육에 전념하였다.

《논어》가 말하는 인(仁)과 예(禮)

모두 교실에 들어가 자리에 앉았다. 짱구 박사 선생님은 칠판에 '어짊, 예의' 라고 쓰셨다.

"선생님이 오늘은 어짊에 대한 이야기를 하려고 한다.(……)

우리는 모두 더불어서 살고 있지? 우리 반만 보더라도 서른 명이 넘는 친구들이 함께 생활하고 있다. 집이나 학교, 우리나라, 나아가 세계 어디에서도 더불어 살지 않는 곳은 없다. 그렇다면 이렇게 더불어 살기 위해 필요한 어짊이란 무엇일까?"

"한자로 인(仁)이잖아요. 어질 인. 어질다는 건 지혜롭고 마음이 넓다, 그런 뜻 아닌가요?"

오건이가 얼른 대답했다. 역시 알은체하는 네는 선수나.

"어휴, 전 너무 어지러워요. 어지럽고 어려워서 어짊인 거 아니에요?"

기태의 넉살에 아이들이 모두 웃었다. 어짊? 사실 나도 기태만큼밖에 대답을 못 하겠다. 어진 어머니, 이런 말은 들어 봤지만 그 뜻은 정확히 모르겠다. 궁금한 생각이 들어 선생님의 대답이 기다려졌다.

"어짊이란 나의 욕망을 이겨 내어 예의를 실천하는 것이란다."

대답을 들으니 더 모르겠다. 욕망을 이겨 낸다고? 아이들이 의아한 얼굴로 선생님을 바라보자 좀 더 쉽게 설명하셨다.

"우리에겐 몸이 있지? 좋은 일을 할 때도 몸으로 하지만 나쁜 일도 몸으로 한단다. 그래서 사람은 늘 몸과 싸우고 있는 것이지. 우리는 잠을 더 자고 싶고, 더 많이 먹고 싶고, 더 놀고 싶고, 더 많은 것을 즐기려고 하는데 이런 것을 욕망이라고 한단다. 이처럼 나의 욕망을 이겨 내는 것이 바로 극기란다."

– 《공자가 들려주는 인 이야기》 중에서

공자의 인(仁)사상

인은 유학의 도덕 범주 가운데 하나로 유교 윤리에 있어서 손꼽히는 덕목 중에 하나이다. 그래서 공자가 가장 강조한 덕목인 인이 논어 전편을 통해 무려 106회나 언급되고 있으며, 인(仁)과 관련된 장(章)은 모두 58장이나 된다고 한다.

대체로 공자가 말한 인은 '공손함, 관대함, 자애로움, 지혜로움, 용기, 효성심, 공경함' 등의 의미를 가지고 있다.

㉮ "군자가 인을 버리면 군자로서의 이름을 어찌 지키겠느냐. 군자는 밥 먹는 동안일지라도 인을 어김이 없으니, 다급한 때라 할지라도 반드시 그렇게 하고, 넘어져 뒤집히는 때라 할지라도 반드시 그렇게 해야 한다."

공자가 말씀하셨다.

"군자는 식생활에서 배부르기를 추구하지 않고, 사는 데 편안함을 추구하지 않는다. 일에는 민첩하고 말에는 신중하다."

– 《논어》의 〈학이편〉 14장 참고

㉯ "공자가 말한 군자의 좋은 생각 아홉 가지가 그 방법이다. 이때의 군자란 모범생, 우등생과 같은 의미로 사용된 말인데, 자, 잘 들어 보렴. 군자에게는 아홉 가지 생각이 있다. 볼 때는 분명하게 볼 것을 생각하고, 들을 때는 분명하게 들을 것을 생각하고, 얼굴빛은 온화할 것을 생각하고, 말은 신실할 것을 생각하고, 일은 경건하게 할 것을 생각하고, 의심나면 물을 것을 생각하고, 분할 때는 나중에 어려운 일을 당할 것을 생각하고, 이익을 접하면 정의를 생각한다."

– 《공자가 들려주는 인 이야기》 중에서

생각 쓰기

1 군자(君子)

《논어》를 보면, 공자의 이상은 군자를 키우는 데 있음을 알 수 있다. 즉, 유교에서 정치의 목적은 소인을 군자로 만드는 일이다. 군자는 교양이 있고 고귀한 인격을 지닌 사람이며, 군자가 갖추어야 할 덕목으로는 정직성과 정의감, 군주에 대한 충성심, 그리고 다른 어떤 것보다도 어진 마음을 지녀야 한다.

2 학이(學而)

학이는 《논어》 20편의 첫 번째 편 중 이름이다. 《논어》의 편명은 처음의 두 자 또는 석 자를 따서 만드는데, 〈학이편〉에는 학문에 관한 논의와 공자의 근본 사상이 담겨 있다. 이 〈학이편〉은 모두 16장으로 구성되어 있다.

공자께서 말씀하셨다.

"사람이 되어서 인(仁)하지 못하면 예(禮)를 어떻게 하며, 사람이 되어서 인(仁)하지 못하면 악(樂)을 어떻게 하겠는가?"

안연이 인에 대해 묻자 공자께서 말씀하셨다.

"자기를 극복하여 예로 돌아가는 것이 인이 되는 것이니 하루만이라도 자기를 극복하여 예로 돌아가면 천하가 인으로 돌아간다. 인을 하는 것은 자기로 말미암는 것이니 남으로 말미암는 것이겠는가?"

안연이 말하였다.

"청컨대 그 항목들을 묻겠습니다."

공자께서 말씀하셨다.

"예가 아니면 보지 말며, 예가 아니면 듣지 말며, 예가 아니면 말하지 말며, 예가 아니면 움직이지 말라."

생각 쓰기

1 극기복례(克己復禮)

자신의 욕망과 감정을 이겨 내고 사회적 법칙인 예를 따른다는 말이다.

공자의 많은 제자들이 인에 대해 물었지만 그때마다 공자는 각각 다른 대답을 하였다. 그 중 수제자 안연에게 대답한 '극기복례'가 인의 최고 경지라 할 수 있다.

오늘날 우리가 쓰고 있는 극기라는 말은 마음의 욕망과의 싸움보다는 극기주의(금욕주의), 극기 운동 등 육체적 훈련 과정을 지칭하는 경우에 많이 쓰고 있다.

2 동양의 예치 사상

예는 정치의 근본으로서, 예치(禮治)의 목적은 백성이 합리적인 습관을 갖도록 하는 데 있다. 유가의 이상적인 정치론은 국가 영토의 확장 및 이를 유지하는 데 있지 않고, 이상적인 생활과 도덕 생활을 실현하는 데 목표가 있다. 유가의 이상 정치의 목적은 우선 교화시키고, 다음에 사회정책을 실시하는 데 있다. 교화는 백성의 정신을 행복하게 해 주며, 사회정책의 실현은 백성을 물질적으로 행복하게 해 준다.

3 유교(儒敎)

　공자를 시조(始祖)로 하는 중국의 대표적 사상이다. 인(仁)을 모든 도덕을 일관하는 최고 이념으로 삼고, 수신(修身), 제가(齊家), 치국(治國), 평천하(平天下)의 실현을 목표로 하는 일종의 윤리학, 정치학으로, 수천 년 동안 중국 · 한국 · 일본 등 동양 사상에 큰 영향을 미쳐 왔다.

　춘추시대 말기에 태어난 공자는 고국인 노(魯)나라에서는 뜻을 이루지 못하고 15년간 여러 나라로 돌아다니며 '선왕(先王)의 도(道)'를 역설하였으나 끝내 그 뜻을 펴지 못하였다. 노년에는 고향으로 돌아와 사학(私學)을 열어 많은 제자를 가르쳤다.

　그의 사상은 그가 죽은 후, 제자들이 수집 편찬한 그의 언행록인 《논어》에 잘 나타나 있다. 공자는 인을 가장 중요하게 생각하였는데, 인은 곧 효(孝)이며 제(悌)라 하여 인의 근본을 가족적 결합의 윤리에서부터 시작하여 육친(肉親) 사이에 진심에서 우러나는 애정을 강조하는 한편, 그것을 인간 사회의 질서 있는 조화적 결합의 원리로 삼고, 정치에도 전개시켰다.

공자는 정치를 하는 사람은 덕이 있어야 하며 도덕과 예의로 가르치고 좋은 방향으로 이끄는 것이 이상적인 지배 방법이라 생각했다. 이러한 사상의 중심에 놓인 것이 바로 인(仁)이다. 공자는 최고의 덕을 인이라고 보고, 인은 '사람을 사랑하는 것'이라고 정의했다. 기독교의 사랑이나 불교의 자비와는 다른, 부모형제에 대한 육친의 정, 곧 효제(孝悌)를 중심으로하여 타인에게도 미친다는 사상이다.

모든 사람이 인덕(仁德)을 추구하고, 인덕을 갖춘 사람만이 정치적으로 높은 지위에 앉아 인애(仁愛)의 정치를 한다면, 세상의 질서도 안정을 찾을 수 있다고 생각했던 것이다. 그 수양을 위해 부모와 연장자를 공손하게 모시는 효제의 실천을 가르치고, 이를 인의 출발점으로 삼았다.

그러나 공자는 또한 인의 실천을 위해서는 예(禮)라는 형식을 밟을 필요가 있다고 하였다. 예란 전통적이고 관습적인 형식이며, 사회규범으로서의 성격을 가진다. 유교에서 전통주의를 존중하고 형식을 존중하는 것은 바로 이 점에 기초한 것이며, '예'라는 형식을 따름으로써 인의 사회성과 객관성이 확실해진 것이다.

생각 쓰기

공자께서 말씀하셨다.

"제자는 들어와서는 효도하고 나가서는 공경하며 삼가고 미덥게 하며 널리 사람들을 사랑하되 어진 사람과 친해야 한다. 행하고서 남은 힘이 있으면 글을 배운다."

공자께서 네 가지로써 가르치셨으니, 문(文)과 행(行)과 충(忠)과 신(信)이었다.

공자께서 말씀하셨다.

"도에 뜻을 두며, 덕에 근거하며, 인에 의하며, 예에서 노닌다."

생각 쓰기

1 충효(忠孝)

충성과 효도를 아울러 이르는 말로, 군왕을 마음을 다하여 받들고 부모를 지극 정성으로 공경하는 유교 사상에 바탕을 둔 덕목이다. 충(忠)은 역사적으로 볼 때, 국민이 군주를 위하여 자기 자신을 바치고 충성하는 것을 말하며, 이것은 봉건적 군신 관계, 즉 군주와 신하의 근본 윤리로 발전하였다.

'중(中)'과 '심(心)'으로 이루어진 글자의 형태가 나타내듯이 인간의 내면적 양심이라고 할 수 있는 성실한 마음을 뜻하며 그것에 의하여 남을 이해하는 것이 서, 그것에 의하여 거짓 없이 말하고 행동하는 것이 신이다. 그러므로 충성은 정치적 개념보다는 도덕적 개념으로서 '대의(大義)를 위한 자발적이고 실천적인 헌신'이라 할 수 있으며 언제나 성실이 그 보편적인 본질을 이룬다.

《효경(孝經)》을 살펴보면 어버이를 봉양하고 섬기는 덕목의 하나인 효는 인간의 행위 중에서 중요한 덕목으로 삼고 있다. 이것을 저음으로 실과한 사람은 공자로, 당시 중국은 사회의 개념이 희박하고 가족 관계를 중요하게 생각하였다. 그것은 자연재해가 일어나고, 정치가 어지러운 시대의 폭정(暴政)으로부터 자신들의 생활을 보호하기 위하여 가족 내의 단결을 굳게 할 필요가 있었기 때문이다. 이로 인해 가장의 권위가 강화되는 동시에 윗사람에 대한 복종이 요구

되었고 마침내는 효 사상이 생겼다고 보여진다.

2 육예(六藝)

중국 역사에서 주나라 시대에 행해지던 교육 과목이다. 예(禮), 악(樂), 사(射), 어(御), 서(書), 수(數) 등 6종류의 기술이다. 예는 예용(禮容), 악은 음악, 사는 활을 쏘는 기술, 어는 말을 타는 기술(馬術), 서는 글을 쓰는 법, 수는 수학(數學)을 가리킨다.

아비투어 철학 논술

예시 답안

case 1 논어는 공자 사후에 그의 제자들에 의해 편찬된 책으로, 공자의 언행을 중심으로 공자가 남긴 가르침을 담고 있다.

공자는 논어에서 실천을 전제로 한 개인의 도덕적 규범인 인과 공동의 규범인 예를 강조하였다. 이상적인 인간상으로는 군자를 꼽고 있으며, 정치에 있어서는 덕치주의를 강조했다.

공자는 이전의 중국 문화를 정리하여 교육, 역사, 윤리 등 많은 부분에 걸쳐 확실하게 원칙과 기준을 제시하여 앞날의 방향을 잡아 주었다고 할 수 있다.

논어는 중국뿐만 아니라 우리나라, 일본 그리고 동아시아 전체에 걸쳐 가장 중요한 고전 중의 하나로 꼽히고 있다. 공자는 인류의 스승이고 논어는 인류의 보편적 가치 규범을 담은 인류의 영원한 고전이다.

case 2 《논어》는 정확히 누가 편찬했는지, 어떻게 책으로 전해지게 되었는지에 대해 정확히 알려진 것이 없다. 단지 오늘날 전해지고 있는 《논어》를 가지고 대략 짐작할 수밖에 없다. 논어의 내용으로 보아 그것이 공자 및 공자의 제자들을 포함한 학자들의 언행록임을 알 수 있다. 그리고 대부분은 공자에게 직접 배운 제자들 스승에 대한 언행을 기록한 것이라 하겠다. 그러나 제 이대의 제자들이 기록한 내용이라고 보여지는 부분도 포함되어 있다. 따라서 논어 20편의 편자는 한 사람이 아니라 여러 사람의 손을 거쳐 엮어진 것을 오랜 시일을 두고 여러 차례 정리해서 오늘과 같은 형태로 잡혔다고 보아야 할 것이다.

또 하나, 미루어 짐작해 볼 수 있는 것은 논어는 주로 공자의 조국이자 그의 학문의 중심지였던 노(魯)나라를 중심으로 하여 많은 제자들에게 전수되어 가르쳐지기도 하고 또 정리됐다는 것이다. 그러나 제(齊)나라에서도 공자의 여러 제자들이 유학(儒學)을 전파시켰으며 특히 후세의 유학을 집대성한 맹자(孟子)가 제나라에서 활약한 것으로 보아 그곳에서도 《논어》가 전해지고 편찬되었을 것으로 생각된다. 《논어》는 오래 전부터 노나라에서 전해진 노론(魯論)과 제나라에서 전해진 제론(齊論)이 가장 오래된 것이라고 전해진다. 단 현 시대에 전해지고 있는 것은 이들 셋을 한나라 때의 학자들이 주로 재정리한 것이다.

주 제 탐 구 02 강 《논어》가 말하는 인(仁)과 예(禮)

case 1 인(仁)은 다른 사람을 자기 자신처럼 여기고 사랑하는 마음이며 지(知)는 현실 속에서 인을 실천할 수 있는 능력이다.

때문에 가장 지혜로운 것은 현실 사회 속에서 인이 실현되는 조화로운 사회도 만드는 것인데, 그러기 위해서는 인재를 잘 분별하여 정직한 사람을 등용하여야 한다. 정직한 사람이 위에 있으면 아래에 있는 사람들의 부정한 방법이 통하지 않으므로, 아래에 있는 사람들도 차츰 정직하게 됨으로써 전 사회의 모든 구성원이 서로 사랑하게 되는 조화로운 사회로 바뀌는 것이다.

또한 우리 사회에 팽배해 있는 혈연주의, 지연주의, 가족주의에서 벗어나 이 모든 편협한 관계를 극복할 수 있어야 한다. 곧 내 것, 내 가족, 내 나라와 같은 매우 제한된 관계의 이익만을 좇는 이기심을 버리고 예를 따르는 것이 진정한 인이라고 공자는 우리에게 말한다.

case 2 제시문을 살펴보면, 군자란 공자가 생각하는 가장 이상적인 인간상이라고 볼 수 있다. 먼저 군자는 인(仁)을 갖추고 그를 실천하기 위해 한시도 놓침 없이 노력하는 사람임을 알 수 있다. 공자는 군자가 인을 실천하기 위해서는 자기 자신을 수양하고 이것이 남을 사랑하는 데 이르도록 해야 한다고 말했다. 인한 덕과 그를 실천하는 예를 잘 조화되도록 하여 품위를 갖춘 선비가 바로 군자인 것이다.

또한 군자는 일신의 부(富)와 안락함보다는 오직 의(義)를 따르는 사람이다. 이는 군자는 식생활에서 배부르기를 추루하지 않고, 사는 데는 편안함을 추구하지 않는다는 제시문의 구절을 통해 알 수 있다. 의는 일상생활에서 옳은 것을 지키고 실천에 옮길 수 있는 도덕적 행위의 기준이라고 할 수 있다.

군자는 학식과 덕행을 겸해야 한다. 말보다도 행동을 앞세우는 실천가라야 한다. 또한 나를 극복하고 절대적 실재인 예로 돌아가야 한다. 즉 '극기복례(克己復禮)' 다. 그것은 바로 '나를 죽이고라도 인을 이룩하는 살신성인(殺身成仁)' 인 것이다.

21세기를 살고 있는 우리에게 군자는 어떤 사람일까? 현대적 표현으로 군자를 소개한다면, 군자란 '학덕을 쌓아 올바른 정치를 실현시키고, 적극적으로 현실에 참여함으로써 휴머니즘을 구현하는 엘리트' 라 하겠다. 공자는 "사람이 진리를 넓게 구현시키는 것이지 진리가 사람을 넓히는 것이 아니다"라고 말했다. 가령 세계의 평화를 실현시키고자 한다면 나라고 하는 인간을 먼저 올바로 완성하는 데서부터 시작된다고 할 수 있다. 이렇듯 공자의 《논어》에는 이상적 인간상, 즉 군자에 대한 이야기가 특히 자주 언급되고 있다.

case 3 예는 형식이어서 예만을 실행하면 딱딱해지므로 예의 진행 과정을 부드럽게 하기 위하여 연주하는 것이 악이다. 따라서 예와 악은 동시에 진행된다. 예를 모르면 사람의 대열에 설 수 없으므로 사람 구실을 하기 위해서는 예를 알아야 하지만, 예는 형식이므로 그 본질을 알지 못하고 형식적으로만 실천하면 참다운 인간이 되지 못하고 형식적인 인간이 되고 만다. 그러므로 예의 본질과 인을 실천할 수 있어야 한다.

즉 예의 실현은 인(사랑)을 바탕으로 해야 된다. 무엇보다 예의를 갖춘 사랑, 뒤집어 말하면 사랑하는 마음이 담긴 예절이 되어서 인과 예는 사회질서 회복의 두 가지 원리로서 상호 조화되어야 한다.

주 제 탐 구 **03** 강 공자의 사상은 무엇인가?

case 1 공자의 윤리 사상은 인(仁)을 중심 관념으로 하고 효(孝), 제(弟), 충(忠), 신(信), 의(義), 이(利) 등을 그 실천 항목으로 하고 있다. '인'은 공자 사상에 있어서 가장 중심적인 개념으로, 대체로 사람의 도리를 의미한다. 그리고 사람 도리의 실천은 인성에 근본을 둔 인간의 합리적 행위로 표현된다. 이러한 행위가 부모에게 실행될 때 우리는 그것을 효라고 부르고, 형제에게 실행될 때에는 제라고 부른다. 남을 위해 자신을 다하는 것을 충이라 부르고, 나의 마음에 미루어 다른 사람을 헤아리는 것을 서라고 한다. 또 유가의 합리적 행위는 의를 존중하고 이를 가벼이 여기며 자신의 수양을 통해 다른 사람들을 편안하게 해 줄 것을 요구한다.

case 2 공자는 교육의 목적을 '도에 뜻을 두고 덕을 지키며 인에 의지하고 육예를 두루 익힌다'고 했다. 도는 사람의 도리를 말하며 공자는 이 사람의 도리를 깨닫는 것을 배움의 목표로 삼았다. 여기서 덕을 지키고 인에 의지한다는 것은 몸소 실천하는 것을 의미하며 '육예를 두루 익힌다'는 것은 학습을 의미한다. 그래서 공자는 네 가지를 중요하게 가르쳤는데 그것은 문(文), 행(行), 충(忠), 신(信)이며, 또한 '행하고 남은 힘이 있으면 학문을 하라'고 했다. 이는 모두 실천과 학습이 함께 이루어져야 함을 의미한다.

공자의 교육 목표는 완전한 인격의 완성이며 이 이상적 인격에 도달한 사람을 군자라고 했다. 군자는 넓게 말하면 성인(聖人)으로서 공자와 그 학파의 교육과 실천하고자 하는 최고의 이상이라 할 수 있다.

Abitur

茶山 丁若鏞 像

정약용이 들려주는 경학 이야기

저자_박민수

연세대학교 독문과를 졸업하고 동 대학원에서 석사 학위를 받았다. 지금은 독일 베를린 자유대학에서 '근대 미학에서 미적 가상의 개념'이란 주제로 박사 논문을 준비하고 있다. 전문 번역가로도 일하고 있으며, 그동안 번역한 책으로는 《우리의 포스트모던적 모던》, 《데리다-니체, 니체-데리다》, 《신의 독약》, 《책벌레》, 《크라바트》 등이 있다.

01강 경학 연구

유학자는 누구나 유교 경전을 이해할 때 누군가의 해석을 통합니다. 자신의 학문적 경지가 깊으면 자신이 직접 해석하기도 하고요.

그러나 조선조 유학은 대부분 송나라 때 주자(이름은 주희)가 해석한 것을 바탕으로 하였습니다. 그래서 과거 시험의 교과서도 바로 주자가 해석한 경전입니다. 특히 조선 후기에 오면 집권층은 주자학을 지나치게 존숭한 나머지 주자의 해석에 대해 다른 해석을 내놓으면 '사문난적'이라 하여 살아갈 수 없도록 사상적 테러를 감행하고 죽이기까지 하였습니다. 마치 오늘날의 국가보안법 위반과 비슷하다고 보면 됩니다.

그래서 우리는 다산이 경전에 대한 주석과 해석을 함에 있어서 어떤 태도로 임했는지 확인할 필요가 있습니다. 한마디로 다산은 경전에서, 공자나 맹자가 살았던 시대에 있었던 사실과 사상으로 온전히 드러내고자 하였습니다. 즉 유학의 근본정신을 찾고자 한 것입니다. 어떠한 사상을 염두에 두고, 경전 해석을 거기에 맞추고자 하는 의도는 전혀 없었습니다. 경전이 전래되면서 온갖 미신이 들어가고 송나라 때의 철학적 사상이 첨가되어, 공자나 맹자가 말한 원래의 뜻이 왜곡되었다고 보기 때문입니다.

경전에 대한 이러한 태도는 가히 혁명적이라 말할 수 있습니다. 주자학에 대한 거부이기 때문입니다. 주자학에 대한 거부는 이전의 조선 사회의 제도나 이념에 대하여 개혁이 필요함을 철학적으로 주장하는 셈이 됩니다.

- 《정약용이 들려주는 경학 이야기》 중에서

생각 쓰기

경세학은 다른 말로 경세제민지학(經世濟民之學)입니다. '세상을 다스리고 백성을 구제하는 학문' 이라는 뜻입니다. 유교적 교양을 쌓은 선비들이 추구하는 것이 바로 이 경세학입니다. 《대학》에 보면 '수신제가치국평천하(修身齊家治國平天下)' 라는 말이 있는데, 이는 먼저 자신의 덕을 닦아 가정과 나라와 천하를 경영한다는 것입니다. 바로 선비들이 나아가야 할 방향입니다. 그래서 선비들이 덕을 쌓아 세상을 경영할 뜻을 품고, 뜻이 이루어지면 백성들을 잘살게 하려고 하였습니다.

다산은 다음의 말에서, 현재의 백성들의 실태를 전혀 알지 못하는 고루한 선비의 잘못을 지적했습니다.

"참선비의 학문은 본디 나라를 다스리고, 백성을 편안하게 하며, 외적을 물리치고, 재물을 넉넉하게 하며, 문(文)과 무(武)에 모두 능해야 한다. 어찌 옛사람의 글귀나 따서 글을 짓고, 벌레나 물고기 등류의 해설을 하고, 소매 넓은 선비 옷을 입고서 예를 익히는 것만이 선비의 학문이겠는가."

조선 후기의 세상은 썩고 병들지 않은 분야가 없었다는 것이 다산의 생각이었습니다. 그래서 개혁하지 않으면 나라는 반드시 망하고 말 것이라 생각했지요.

이렇듯 정약용은 백성을 사랑하는 마음이 남달랐습니다. 학문에 힘쓴 까닭도 모두 나라를 부강하게 하고 백성들의 삶을 편하게 해 주려는 생각 때문이었습니다.

– 《정약용이 들려주는 경학 이야기》 중에서

생각 쓰기

주 요 개 념 및 배 경 지 식

1 주자학

주자학은 중국 송나라의 유학자 주희, 즉 주자에 의해 해석된 유가 사상을 말한다. 주희는 이 우주가 정신적인 요소와 물질적인 요소로 나뉘어져 있는데, 인간의 본성은 정신적 요소라고 했다. 그리고 인간이 물질적인 것 내지 육체적인 것의 지배를 받으면 악하게 되므로, 정신적인 힘에 의해 이를 억눌러야 한다고 보았다. 주자학은 성리학이라고도 불린다.

2 사문난적

사문난적은 원래 유가 사상에 반대하는 사람을 비난하는 말이었다. 하지만 조선시대 중엽에는 이 말의 의미가 조금 달라졌다. 당시에는 유가 사상을 연구하더라도 주자의 해석, 즉 성리학을 따르지 않는 사람들까지도 사문난적으로 몰아붙였다.

02강 실학 연구

실학은 조선에서 17세기에 일어나 18세기를 거처 19세기 초반까지 일어났던 학풍이라고 했습니다. 그러한 실학이 일어난 배경은 몇 가지가 있는데, 우선 임진왜란과 병자호란을 겪는 동안 백성들의 어려움을 보면서 실생활에 도움이 되지 않는 학문에 대해 반성하기 시작했습니다.

다음으로 서양 학문의 전래입니다. 청나라를 통해 들어온 각종 서양의 문물을 통하여 새로운 학문에 대한 눈을 뜨게 되었습니다. 또한 조선보다 앞섰던 청나라의 여러 문물을 보고 실학에 대한 염원을 키웠던 것입니다.

또 중국의 양명학이나 고증학의 영향을 들 수 있습니다. 양명학은 명나라의 양수인이 창시한 학문으로 현실과 실천을 중시하는 유학입니다. 조선에서는 양명학을 금지하였기 때문에 드러낸 채 학문하는 사람은 적었지만, 실학자들을 비롯하여 그 영향을 받은 학자들은 많습니다. 그리고 고증학은 청대에 일어난 학문으로 경전 연구에 있어서 원래의 뜻을 찾고자 하는 학풍을 갖고 있습니다. 실학자 가운데서도 일정한 영향을 받았습니다.

　끝으로 백성들의 생활을 외면하고 정치 투쟁에만 몰두하였던 집권층의 정치형태와 그들이 추구한 학문을 비판하고, 백성들의 삶을 위해 개혁을 부르짖은, 정치 일선에서 소외되었던 학자들의 개혁 정신에서 실학이 출발하였습니다.

　실학에 종사하였던 학자들이 힘썼던 분야는 우선 토지제도 및 행정제도상의 개혁과 농업 생산력 향상이었습니다. 다음으로 상공업과 무역의 장려 및 일반 기술의 발전을 주장했습니다. 보통 북학파라고 부르는 학자들이 여기에 속합니다.

　끝으로 우리나라의 역사와 지리 및 언어 등과 경전의 참뜻과 금석의 고증을 연구한 분야입니다.

–《정약용이 들려주는 경학 이야기》 중에서

생각 쓰기

"하늘은 동물들에게 발톱과 뿔과 날카로운 이빨과 무시무시한 독을 주어서 적
의 습격을 막아 낼 수 있게 하였지? 그런데 인간에게는 무엇을 주었을까? 단지 벌
거숭이 몸을 주었을 뿐이다. 왜 하늘은 동물들한테는 후하게 하고 귀한 인간에게
는 박하게 하였을까?"

"인간에게는 도구를 사용할 줄 아는 등의 지혜가 넘치잖아요!"

내가 대답했다.

"하하, 맞다. 인간에게는 지혜로운 생각과 연구력이 있으니 기예를 익혀서 우리
의 힘으로 살아가도록 한 거야. 기예라는 건 기술과 재주를 말한단다. 기술과 재주
를 갈고닦아 놓으면 생활이 편리해지고 나라가 부유해지며 백성들은 넉넉하게 오
래 살 수 있게 된단다. 너희들의 아버지들은 기술과 재주를 갈고닦으신 분들이시
다. 너희 아버지들 덕분으로 높다란 건물도 지을 수 있게 됐고 나라가 부자가 되지
않았니? 200년 전까지만 해도 조선은 기술과 재주를 갈고닦는 일을 천하게 여겼
다. 그래서 강대하고 부유한 나라가 될 수 없었던 거란다."

"그렇군요. 기예에 대해 더 자세히 말씀해 주세요."

나는 끊임없는 호기심을 주체 못하고 아저씨께 부탁했다. 아저씨는 귀찮아하는
기색도 없이 허허 웃으며 대답해 주신다.

"그래, 기예라는 것, 즉 기술과 재주는 어떻게 하면 더욱 발전할 수 있을까?"

"음, 많은 사람들이 함께 노력하면 발전하지 않겠어요? 백지장도 맞들면 낫다잖아요."

미나는 이제 완전히 아까의 일을 잊어버렸는지 아저씨의 말에 귀를 기울이고 있었다.

"그래, 맞다. 기예라는 것은 사람들이 많이 모이면 더욱 정교해지기 마련이지. 아무래도 시골보다는 사람들이 많은 서울이 최신식의 기계가 더욱 발달하지 않았니. 그리고 세월이 흐르면 더욱 발전하게 된단다."

- 《정약용이 들려주는 경학 이야기》 중에서

생각 쓰기

1 양명학

송나라 때 왕양명이 세운 학문으로, 성리학의 정신 중심주의에 반대하여 정신적 요소와 물질적 요소의 조화와 합일을 주장했다.

2 고증학

고증학은 현실 문제는 접어 두고 관념적인 문제에만 매달리는 성리학에 대한 반발로 중국에서 시작된 학문이다. 고증학은 성리학의 관점에서 탈피해서 경전의 글자와 구절을 꼼꼼히 읽고 여러 경전의 내용을 두루 비교해서 확실한 앎을 얻으려는 실증적이고 귀납적인 방법을 택했다. 이러한 고증학은 조선 영 · 정조 때 시작되었고, 실학에 직접적 영향을 주었다.

3 북학파

북학파는 조선 영 · 정조 이후 청나라의 실제적 학술과 문물을 배우려 한 조선의 학자들을 지칭한다. 북학파에 속하는 조선의 학자로는 홍대용, 박지원, 박제가, 이덕무 등이 있다.

ㅇ3_강 목민심서

case 1 정약용은 벼슬아치들에게 요구되는 덕목으로 율기, 봉공, 애민을 들고 있다. 다음 제시문을 참고해서 이 세 가지 덕목이 각각 무엇을 뜻하는지 설명하시오.

율기: 백성을 다스리기 전에 우선 자기 자신을 다스리는 것.

⇒ 옛날, 명나라 사람 허자는 겨울에 가선이라는 고을의 수령으로 임명되어 길을 떠나게 되었습니다. 그는 하인을 시켜 집안의 모든 식구들을 모이게 했지요. 식구들은 이미 함께 떠나기 위해 모든 준비를 끝마친 상태였습니다.

그런데 허자는 아들과 하인만을 데리고 부임지로 떠나겠다고 하였고, 부인은 섭섭함을 감출 수 없었습니다. 이는 쓸데없는 청탁이 오가고 물자가 낭비되는 일을 막기 위해서였습니다. 허자는 겨울에도 추위에 떨고 있을 백성들을 생각하며 불을 때지 않았다고 해요.

봉공: 나라와 사회를 위하여 힘써 일하는 것.

애민: 백성을 사랑하는 것.

⇒ 조선 효종 때의 참판 이후산이 강원도 안찰사로 있을 때, 고을에 심한 흉년이 들었습니다. 그런데 백성들은 먹을 것이 없어 쩔쩔매면서도 일거리가 없어 돈을 벌 수도 없었지요. 이를 안 이후산은 관아의 건물을 새로 짓는 공사를 벌여 백성들에게 일거리를 마련해 주었습니다.

– 《정약용이 들려주는 경학 이야기》 중에서

기자 4: 그렇다면 국민을 위해 일하는 사람들이 가져야 하는 가장 중요한 덕목은 무엇이라고 생각하십니까?

다산: 당연히 국민을 사랑하는 마음입니다. 애민 정신이라고도 하지요. 국회의원들이나 공무원들, 대통령까지도 모두 국민을 위해 존재하는 것입니다. 오랜 옛날에는 통치자는 없었고 백성들끼리만 모여 살았습니다. 그러다가 가끔씩 다툼이 일어나면 마을의 현명한 노인에게 판결을 부탁했지요. 마을들 사이에서도 가끔씩 다툼이 일어났습니다. 그래서 모든 마을의 사람들이 모여 그들 중에서 가장 현명한 자를 뽑아 판결을 내리게 했습니다. 이런 식으로 한 나라에서 가장 현명한 사람이 임금이 된 것입니다. 그러므로 임금도 백성을 위해 존재하는 것이었지요. 그런데 그렇게 세워진 임금은 점점 욕심이 생겼습니다. 그래서 자기 마음대로 법을 만들어 백성들을 통치했고, 백성으로부터 조금이라도 더 많은 재물을 뜯어내려 힘썼습니다. 마치 백성들이 자신을 위해 존재하는 듯 착각을 한 것이지요. 요즘 일어나는 많은 문제들도 그런 이유들로 발생한 것입니다. 국민을 위해 일하는 사람들은 무엇보다도 국민을 사랑해야 하고 또 자신들이 국민들을 위해 존재한다는 사

실을 알아야 합니다.

기자 4: 그렇다면 국민들은 어떻게 행동해야 합니까?

다산: 국민들은 억울한 일을 당하면 자신의 처지를 어쩔 수 없는 일이라며 숙명적으로만 생각하지 말고 주체적으로 밝은 정치를 구현할 수 있는 한 가닥 실마리를 잡아야 합니다.

– 《정약용이 들려주는 경학 이야기》 중에서

생각 쓰기

아비투어 철학 논술

예시 답안

case 1 조선시대 유학자들이 경전을 공부할 때는 권위 있는 누군가의 해석에 의존했다. 아주 오래전 공자 또는 맹자가 남긴 말씀이 책으로 기록된 후 사람들은 무엇이 공자 말씀의 참뜻인지를 두고 다양한 의견을 보였다. 그리고 이로부터 조금씩 다른 해석이 나오게 되었다.

이런 현상은 종교 경전의 해석과 비교하면 이해하기가 쉬워진다. 오래전 부처가 남긴 말씀의 참뜻을 둘러싸고도 불교 교파에 따라 해석이 달랐으며, 이는 기독교의 경우도 마찬가지이다. 그래서 같은 종교 내에서도 교리 해석에 따라 다양한 계파가 생겼다.

이런 현상은 어떤 사람의 사상 체계를 이해할 때도 발생한다. 중국에서는 공자 사상의 이해와 관련해서도 시대마다 다양한 해석이 나왔다. 그리고 조선시대에는 유가 사상에 대한 주자의 해석이 올바른 것으로 통했다. 주자는 송나라 때의 학자로 유가 사상에 대한 그의 해석을 보통 주자학 또는 성리학이라 부른다. 조선시대에는 이러한 성리학을 국가의 통치 이념으로 삼았고, 또 이것이 관리 선발 시험인 과거에도 영향을 주었다. 조선 중엽 이후에는 성리학적 해석과는 다른 해석을 시도하는 사람들을 '사문난적'이라 부르며 핍박하기도 했다.

그런데 정약용은 이런 성리학이 유가 사상에 대한 유일한 해석일 수는 없다고 보았고, 더 나아가 공자나 맹자의 본뜻에 대한 왜곡일 가능성도 있다고 보았다. 그래서 정약용은 자신의 독자적인 관점과 견해를 갖고 경전을 연구했고, 여기서 나름의 새로운 사상을 펼쳤다. 그리고 정약용의 이러한 연구는 사상적으로 혁명적인 의미를 갖는 것이었다. 왜냐하면 이는 조선 지배계급의 이념인 성리학과 이에 바탕을 둔 제도를 의심하는 것이었고, 그런 점에서 사회 개혁의 가능성을 생각하는 것이기도 했기 때문이다.

case 2 경세학은 '세상을 다스리는 학문'이라는 뜻이고 경세제민지학은 '세상을 다스리고 백성을 구제하는 학문'이란 뜻이다. 세상을 잘 다스리면 백성도 행복할 수 있으므로, 경세학과 경세제민지학은 결국 같은 말이라고 할 수 있다. 그리고 이 학문은 '세상을 이해하는 학문', '세상의 이치를 깨닫는 학문'에서 한 걸음 더 나아간 것이라고 말할 수 있다.

물론 세상을 이해한다는 것은 중요하다. 이는 모든 것의 근본이 되기 때문이다. 세상을 잘 다스리기 위해서라도 세상을 제대로 이해해야만 한다. 그러나 이치에 대해 알고 있다고 해서 세상의 모든 문제가 해결되는 것은 아니다. 예를 들어 '지배자라면 백성을 행복하게 해야 한다'는 이치를 알고 있다고 해서 곧바로 백성이 행복해지는 것은 아니다. 그 이치가 현실 세계에서 실현되지 않는 한 백성은 행복해지지 않는다.

정약용이 말하는 경세학은 이치가 현실 세계에서 실현될 수 있게 하는 학문이며, 그런 의미에서 '세상을 잘 다스리는 학문'이었다. 그리고 정약용은 바로 이런 학문이야말로 '수신제가치국평천하'의 이념을 실천하는 학문이라고 보았다. 이런 관점에서 본다면, 백성의 생활에는 무심한 채 유교 경전만 읽고 글이나 짓는 것은 참된 선비의 도리가 아니다. 요컨대 다산이 생각한 경세학은 유가 사상의 본뜻이 현실에서 실현될 수 있는 방안을 마련하는 학문이었으며, 이것이 후세에 실학이라 불리게 되었다.

case 1 실제 생활에 필요한 학문이 되기를 추구한 실학은 17세기에 시작되어 19세기 초반까지 지속되었다. 대략 2세기에 걸치는 기간 동안 조선에서는 많은 사회적·사상적 변화가 일어났고, 이것이 실학 탄생의 요인이 되었다.

먼저 조선은 두 차례의 큰 전란을 겪었고, 그 결과 백성들의 삶이 극도로 피폐해져 있었다. 이에 많은 선비들이 백성의 삶을 실질적으로 개선시킬 수 있는 학문의 필요성을 느끼게 되었다. 이런 선비들은 주로 중앙의 정치 무대와는 관계가 없는 학자들이었다. 이들은 학문적·사상적으로 조선의 통치 이념인 성리학에 대해 거리를 유지했고, 또 백성의 삶을 가까이서 볼 기회가 많았다.

그리고 이 선비들은 외국에서 전해진 새로운 학문에서 많은 영향을 받았다. 우선 서양의 실용적 학문과 조선보다 앞선 청나라 문물의 영향이 있었다. 그리고 사상적으로는 양명학과 고증학의 영향도 적지 않았다. 성리학은 정신적인 요소만을 중시했던 반면, 양명학은 물질적이고 현실적인 측면도 중시했다는 점에서 실학 탄생의 사상적 배경이 되었다. 또한 고증학은 경전 연구에서 성리학의 영향을 배제하고 원래의 뜻으로 돌아가고자 하는 운동이었다는 점에서 사상적으로 중요한 역할을 했다.

이런 배경에서 탄생한 실학은 자연스레 사상적 변화와 물질적 변화 모두를 지향했다. 그리고 여기서 실학자들의 관심 분야도 정해졌다. 실학자들은 성리학의 정신주의에서 벗어나 실질적 세계를 탐구했고, 또 현실의 여러 제도를 변화시키려는 노력도 병행했다. 토지제도나 행정제도상의 개혁, 농업 생산력 향상에 대한 연구는 백성의 삶을 개선시키려는 의도의 표현이었다. 상공업과 무역의 장려 및 기술 발전에 대한 연구는 물질적 요소를 배격했던 사상에 대한 반발이자 현실적 삶의 개선에 대한 관심의 표출이었다. 더불어 우리나라 역사나 지리, 언어에 대한 연구는 실생활의 개선과도 연관된 것이었지만, 백성 전체를 아우르는 민족에 대한 관심도 드러낸 것이었다.

case 2 정약용이 말하는 기예는 '기술과 재주'를 뜻한다. 즉 기예는 창의성과 연구에 의해 생활에 필요한 물건을 만들어 내는 인간의 능력을 말한다. 그러나 이런 기예는 조선시대에 천대를 받았다. 이런 사회적 분위기를 형성한 것은, 정신적인 것을 중시하고 물질적인 것을 무시하는 성리학의 이념이었다.

그러나 정약용은 기예에 대한 지배층의 천대가 나라와 백성 모두를 가난하게 만들었다고 비판했다. 백성들이 기예를 닦으면 생활이 향상되고 나라가 부유해지며 백성들의 삶 전체가 개선될 수 있는데, 조선 지배층의 잘못된 사고방식이 그 반대의 길로 가게 했다는 것이다. 정약용은 실사구시의 사상가답게 이런 사고방식과 사회 분위기를 바꾸려고 노력했다. 그는 백성들의 기예가 숭상받아 너도나도 그런 기예의 발전에 동참해야만 나라가 강대하고 부유해질 수 있을 것이라고 생각했다.

case **1** 정약용이 목민관에게 지켜야 할 세 가지 덕목으로 꼽는 것은 율기와 봉공 그리고 애민이다.

율기는 목민관, 즉 벼슬아치가 백성을 다스리기 전에 우선 자기 자신을 다스리는 것을 뜻한다. 그러므로 율기는 '수신제가치국평천하' 중에서 '수신'의 의미로 볼 수 있다. 이는 남을 다스리려면 스스로 부족함이 없는 사람, 남을 다스릴 자격이 있는 사람이 되어야 한다는 뜻이다. 벼슬아치가 백성을 다스릴 자격이 되려면, 몸가짐이 점잖아야 하고 원칙을 지켜야 하며 검소하고 청렴결백한 마음을 가져야 한다. 즉 공직을 이용해서 사리사욕을 채우거나 뇌물 받기를 좋아하거나 방탕한 생활을 하는 벼슬아치는 벼슬아치로서의 자격이 없는 것이다. 몸가짐이 모범적이지 못하고 원칙도 쉽게 거스른다면 스스로 자격을 잃게 된다.

봉공이란 나라와 사회를 위해 열심히 일하는 것이다. 이에는 나라의 법이 준수되고 그릇된 제도나 관행이 개선되게 하며, 또 관아에서 일하는 사람들이 부정을 저지르는 일 없이 맡은 바 임무에 성실하도록 지도하는 것 등이 포함된다.

애민이란 백성을 위하는 것을 말한다. 즉 늘 백성을 위한 마음을 갖고서 백성에게 어려운 문제가 생기지 않도록 대비해야 하며 또 어려운 사정에 처한 백성은 구제하려 애쓰는 것이 애민이다.

그러므로 세 가지 덕목을 합치면, 스스로 자격 있는 사람이 되도록 애쓰면서 나라와 백성 모두를 위해 봉사하라는 의미가 된다.

case 2 정약용은 지배자에게는 무엇보다 백성을 사랑하는 마음이 있어야 한다고 말한다. 그러나 이러한 '애민'은 우월한 사람이 아랫사람에게 은혜를 베푼다는 의미가 아니다. 이 점은 정약용이 지배자와 백성의 관계를 설명하는 방식에서 드러난다. 그의 설명에 따르면, 지배자는 원래 어떤 공동체가 원만하고 평화롭게 유지될 수 있도록 현명한 조언을 할 사람을 선출했던 전통에서 유래한다.

그런데 이런 전통이 오래 지속되는 가운데 현명한 자가 점차 다른 사람들보다 유리한 지위를 차지했고 결국 역사에서 임금이 생겨나게 되었다. 이런 설명에 따르면, 원래 지배자는 다른 사람들을 위해 봉사하는 자였다. 즉 지배자는 군림하는 자가 아니라 다른 모든 사람을 돕는 자로서 선택되는 것이었다. 이렇게 보면 '애민'이란 지배자의 베풂과 은혜가 아니라 당연한 덕목이다.

정약용의 이러한 애민 사상에는 혁명적인 요소가 포함되어 있다. 이 사상에는 지배자가 백성에게 제대로 봉사하지 못할 경우에는 백성이 지배자를 갈아 치울 수도 있다는 생각이 포함되어 있기 때문이다. 실제로 정약용은 백성은 억울한 일을 당하면 이에 항의하고 저항하는 것이 당연하다고 말했다.

논술
답안 쓰기

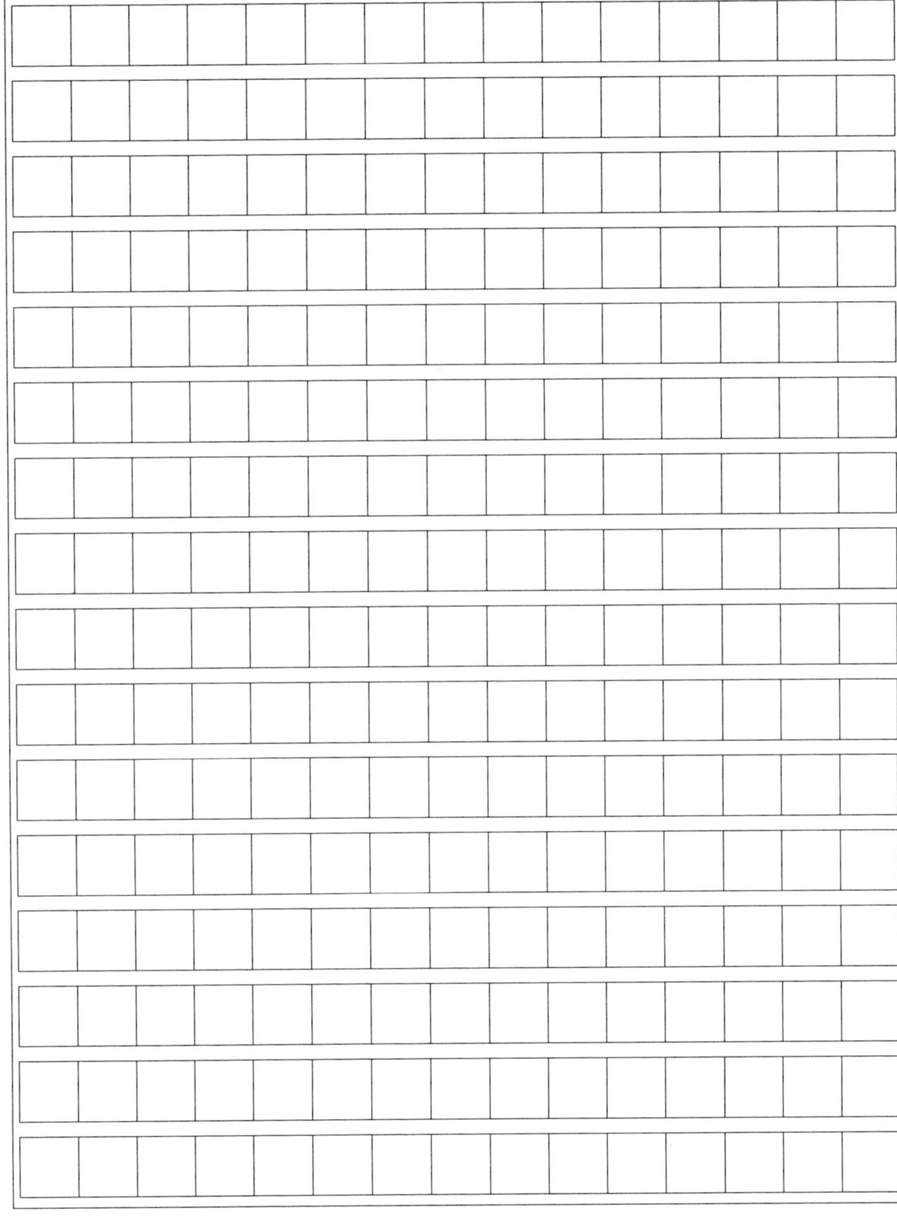

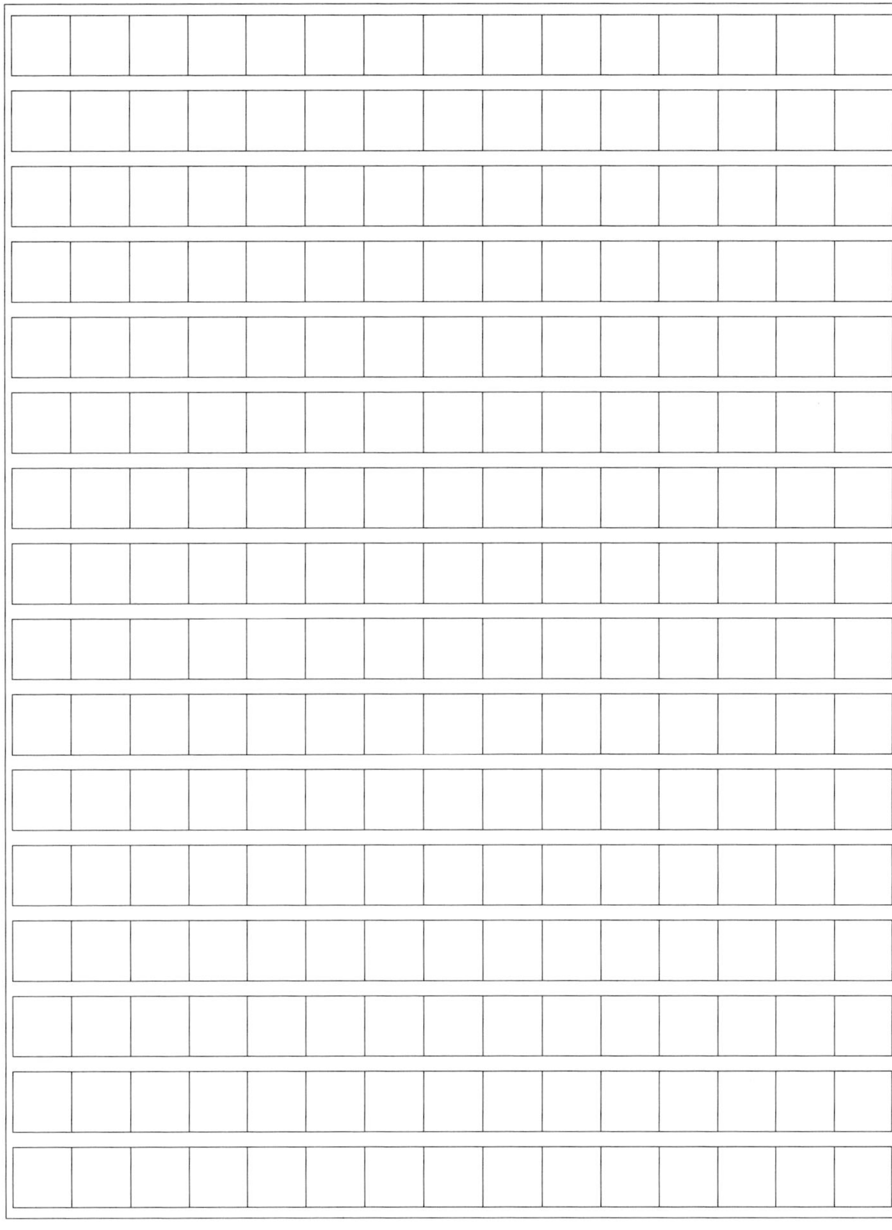